Mosel

KANU KOMPAKT

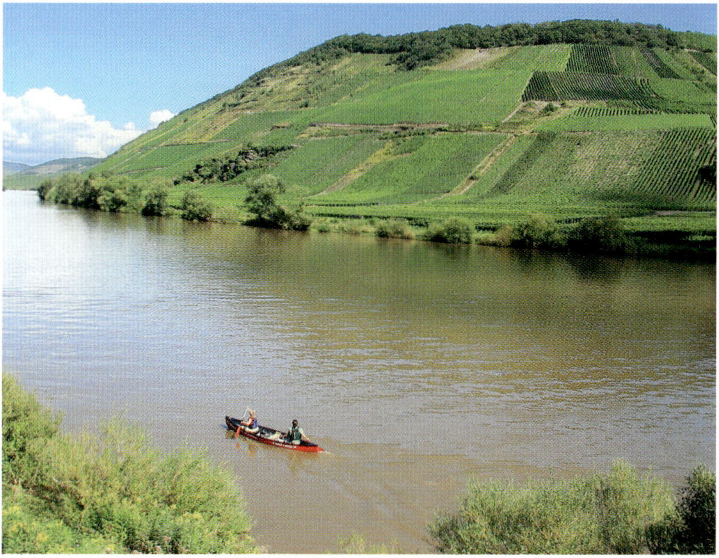

Impressum

2. aktualisierte Auflage 2023

Von-Hutten-Str. 15
D-22761 Hamburg
Tel. +49 (40) 39 10 99 10
www.thomas-kettler-verlag.de
www.kanubuch.de

Text: Stefan Schorr
Recherche & Textergänzung 2. Auflage: Carola Hillmann
Titelfoto: *Auf der Mosel bei Lieser,* Thomas Kettler
Foto Seite 1: *Paddler auf der Mosel bei Pünderich,* Stefan Schorr
Fotos Rückumschlag: Param Gill, Andreina Stein,
Alexandre Prevot from Nancy (Wiokicommons)

Konzept, Layout & Satz: Carola Hillmann
Karten: Jübermann - Kartographie u. Verlag, Carola Hillmann
Stadtpläne, Umschlag- und Übersichtskarten: StepMap, Heide Schwinn

Illustrationen Kanufahrschule: Ann-Sophie Ränger, Carola Hillmann
Lektorat Kanufahrschule: Klaus Mumm, Falk Bruder

Druck & Gesamtherstellung: LEGRA Sp. z o.o., Krakau

Bildnachweise Stefan Schorr: Seite 6, 21, 22, 27 o., 37, 58, 59 u., 76, 82 o., 84, 90.

Bildnachweise Thomas Kettler: Seite 7 o., 7 u., 9 o., 10, 11 u., 20, 27 u., 28 o., 28 u., 29, 30 o., 32 o., 32 u., 33 u., 34, 35, 36 o., 38, 39, 41, 43, 44, 46, 49, 50 o., 53 o., 53 u., 54, 56, 57, 59 o., 62 o., 62 u., 63, 64, 66 o., 68, 77 o., 77 u., 78, 79, 82 u., 87, 88 o., 88 u., 92 o., 92 u., 93, 96.

Weitere Bildnachweise *(o. = oben, m. = mitte, u. = unten)*:
Philippe Boeraeve: Seite 8, 9 u., 11 o., 18, 23, 69. **Param Gill:** Seite 1, 24, 51, 66 u., 70.
Andreina Stein: Seite 5, 31 o., 33 o., 50 u., 71. **Carola Hillmann:** Seite 61.
Seite 26: **Dominik Ketz/Rheinland-Pfalz Tourismus GmbH.**
Seite 30 u.: **Dominik Ketz/Koblenz Touristik.**
Seite 31 u.: **Marco Rothbrust / Touristinformation Sonnige Untermosel.**

Bildnachweise Wikimedia Commons *(o. = oben, m. = mitte, u. = unten):*
Seite 48: **Balz Schreier von Zwischengas.** Seite 72: **Adrian Thomale.** Seite 74 o.: **Kiefer. from Frankfurt, Germany.** Seite 74 u.: **Henk Monster.** Seite 80 o.: **Reinhold Essing.** Seite 80 u.: **MarcDiaz83.** Seite 81: **Michael Pabst.** Seite 83: **AnRo0002.** Seite 85: **Michael Schroeren.** Seite 89: **Alexandre Prevot from Nancy.** Seite 98: **Taxiarchos228.**

Bibliografische Information der Deutschen Nationalbibliothek
sind im Internet über *http://dnb.d-nb.de* abrufbar.

ISBN 978-3-98513-110-5

Infos zum Kanufahren und zur Region Mosel

Die Kanutour auf der Mosel von Trier bis Koblenz

Adressen

Weiteres

Vorwort

Kanuwandern ist eine ganz besondere Reiseform. Kombiniert es doch sportliche Betätigung in abwechslungsreicher Natur, genussvolle Stille und kulturelle ebenso wie kulinarische Leckerbissen. Seit jeher siedelten Menschen an Flüssen, jenen natürlichen Verkehrs- und Handelswegen. Wasserwanderer gleiten folglich vorbei an einer Fülle von Zeugnissen unserer Geschichte. Romantische Städte und Dörfer, trutzige Burgen, Kirchen und Schlösser. Hier wird Geschichte hautnah erlebt.

Die vorbildliche Infrastruktur für Kanuwanderer macht eine Tour auf der Mosel zum Genuss. Rund 50 ausgewiesene Ein- und Aussetzstellen bietet die „Wasserwanderroute Mosel" zwischen Trier und Koblenz. Bootshäuser, Campingplätze, nette Pensionen und luxuriöse Hotels. Für jeden Geschmack liegen Übernachtungsmöglichkeiten direkt am Wasser. Dank mehrerer Kanuvermieter bleiben auch für Paddel-Neulinge oder Paddler ohne eigenem Boot keine Wünsche offen.

Weinliebhabern muss das Moseltal nicht erst empfohlen werden. Sie wissen, dass hier Wein (vor allem Riesling) in höchster Qualität angebaut wird.

Immer mehr Menschen entdecken das Kanuwandern als Form der aktiven Freizeitgestaltung. Ganz gleich ob jung oder alt, in körperlicher Hochform oder eingeschränkt durch ein Handicap – jeder kann das Paddel-Paradies Deutschland für sich entdecken. Mit der Mosel haben Sie sich für einen besonders lohnenden Fluss entschieden.

In diesem Sinne wünsche ich Ihnen eine unvergessliche Tour!
Ihr Stefan Schorr

P.S. Wir haben nach besten Wissen und Gewissen recherchiert. Da sich jedoch durch Corona viel geändert hat und noch ändert, können die genannten Öffnungszeiten vom „Normalbetrieb" abweichen. Auch kann nicht sichergestellt sein, ob nicht inzwischen der ein oder andere Betrieb seine Tätigkeit eingestellt hat. Bitte erkundigt Euch vor Eurer Tour sicherheitshalber nochmal.

Und nicht vergessen – vielerorts empfiehlt es sich, das Bett, die Übernachtung im Wassersportverein, den Campingplatz oder die Einkehr vorab zu reservieren.

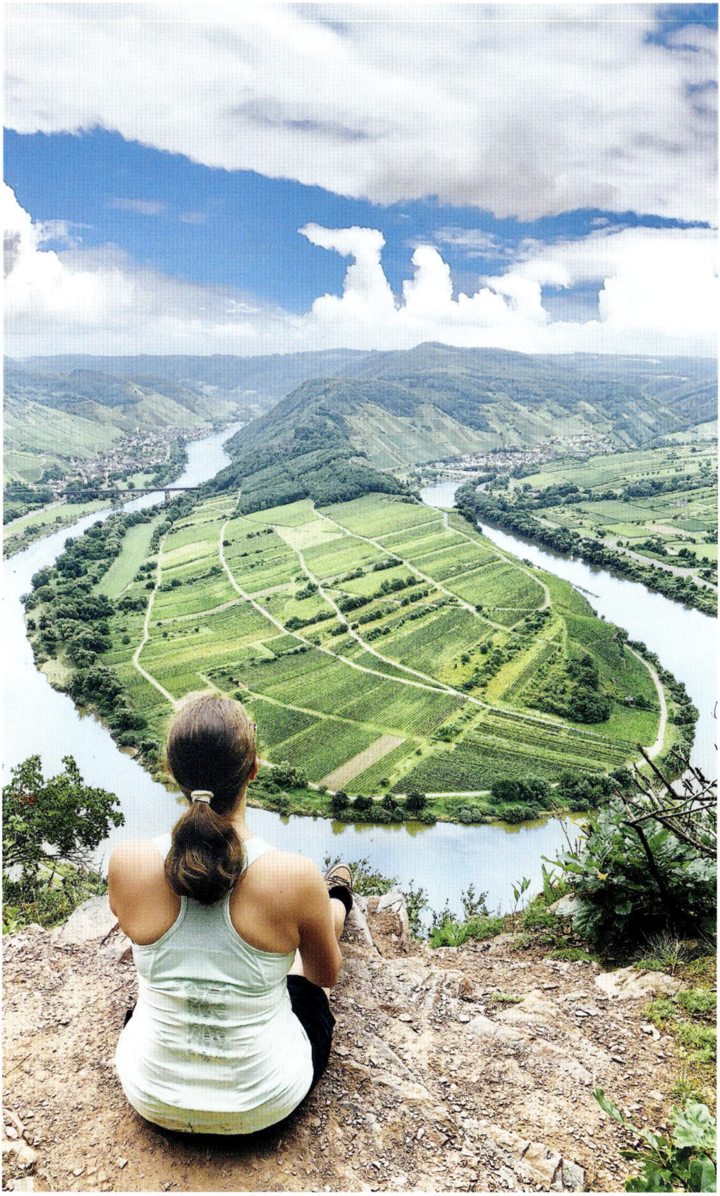

Das Kanu

Bevor es an die Planung der Tour geht, steht die Frage nach Kanu und Ausrüstung. **Kanu** ist der Oberbegriff für alle Boote ohne befestigtes Ruder, also sowohl Canadier/ Kanadier (umgangssprachlich oft Kanu genannt) als auch Kajaks.

Das **Kajak** ist oft bis auf eine kleine Sitzluke geschlossen, wird mit einem Doppelpaddel gefahren und ist besonders für kleine, schnelle Flüsse oder wegen seines windschlüpfrigen Verhaltens auch für größere Gewässer geeignet. Man ist meist schneller unterwegs als mit dem Canadier. Der Nachteil liegt darin, dass die Zuladung beschränkt, das Ein- und Aussteigen umständlich und die Sitzposition durch die Bauweise vorgegeben ist. Kajaks gibt es für ein oder zwei Personen, manchmal auch mit 3 Sitzluken, während im Canadier auch eine vierköpfige Familie Platz findet.

Der **Canadier/Kanadier** besticht durch sein großzügiges Raumangebot und das einfache Beladen, Ein- und Aussteigen. Er wird mit dem Stechpaddel gefahren und ist offen, dadurch können sich Kinder in ihm freier bewegen. Auch bieten sich im Sitzen mit angewinkelten oder gestreckten Beinen oder kniend variantenreiche Sitzpositionen, die ein ermüdungsfreieres Paddeln ermöglichen. Die größere Kippstabilität wird vom Anfänger als angenehm empfunden. Sein Nachteil liegt eindeutig bei der größeren Windanfälligkeit, die das Befahren von großen, offenen

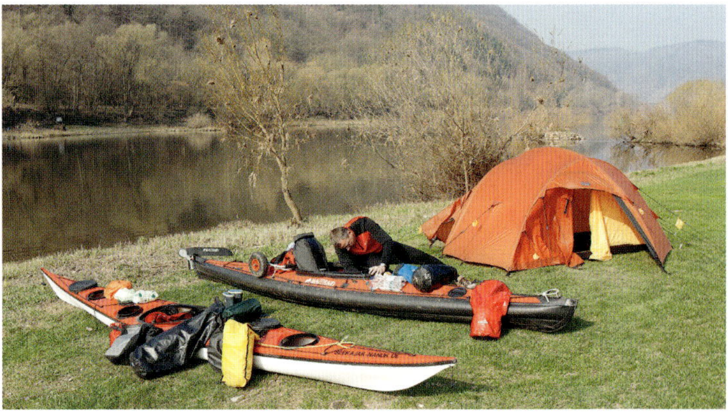

Ihr Zelt können Paddler an der Mosel auf jedem Campingplatz in direkter Wassernähe aufbauen

Wasserflächen mühsam oder gar gefährlich werden lassen. Doch kann er mit einer Persenning (Spritzdecke) auch spritzwasserfest und weniger windanfällig gemacht werden.

Eine Sonderform sind **Faltboote** (Canadier und Kajak). Sie können für das gleiche Tourenspektrum eingesetzt werden wie feste Boote, lassen sich durch das kompakte Packmaß im unaufgebauten Zustand aber leichter transportieren (z.B. auch mit der Bahn) und nehmen in der Garage oder auf dem Dachboden weniger Platz weg.

Schlauchboote (Luftboote) – in Canadier- oder Kajakform – sind in der Regel relativ langsam und laufen nur mäßig geradeaus, sodass sie für längere Touren auf Wanderflüssen nur bedingt geeignet sind. Sie sind für mittelschweres Wildwasser konzipiert.

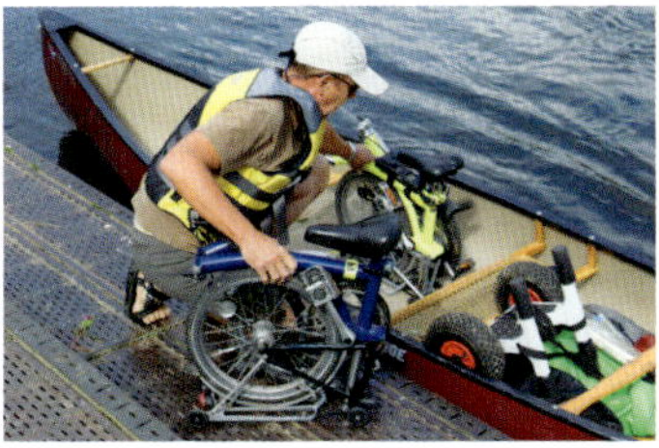

Tipp: Wer mit dem Canadier unterwegs ist und auch an Land mobil sein möchte („Zurück zum Pkw"), sollte in Erwägung ziehen, ein Faltrad mitzunehmen. Durch optimierte Falt-Scharniere wird aus dem Rad innerhalb weniger Sekunden ein kleines, handliches Paket.

Zum notwendigen Zubehör gehören:

- **Paddel.** *Doppelpaddel* sollten eine Länge von ca. 220–240 cm haben, während das im Canadier verwendete *Stechpaddel* beim Stehen bis unters Kinn reichen sollte. Für Kinder darf es ruhig etwas länger sein. Kunststoffpaddel sind zwar pflegeleichter als Holzpaddel, die aber sind vom Material her sympathischer.
  Tipp: Paddel- oder einfache Radhandschuhe schützen empfindliche Hände vor Blasen.

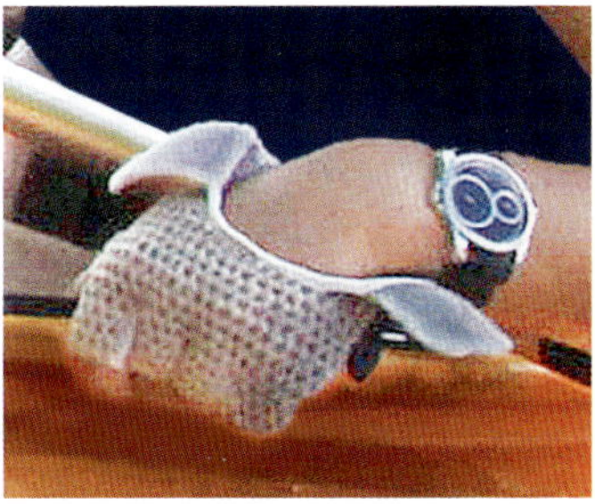

- **Reservepaddel.** Muss in jedem Kanu griffbereit, aber sicher befestigt vorhanden sein. Noch wichtiger ist dies bei Solopaddlern, da sie manövrierunfähig werden, wenn das Paddel über Bord geht.
- **Rettungsweste.** Kein Kind darf ohne ohnmachtssichere Rettungsweste ins Boot. Sie hat einen Kragen, der den Kopf über Wasser hält und so wirklich vor dem Ertrinken schützt.

- **Schwimmweste.** Jeder Erwachsene sollte sie tragen (auch als Vorbildfunktion). Wie die Rettungsweste auch, muss sie dem Körpergewicht des Trägers angepasst sein.
- **Wurfsack.** Zum Retten eines Schwimmers vom Ufer aus. Der Nylonbeutel mit einem Auftriebselement und etwa 20 Meter Seil ist immer dabei, egal ob Wildwasser oder Wanderfahrt.
- **Bootswagen.** Ist für längere Landtransporte unverzichtbar. Wer sich einen zulegt, sollte gleich auf gute Verarbeitung achten. Er muss stabil, das Rohrgestell verschweißt statt genietet und zusammenklappbar sein, breite Räder und eine Stütze haben, so dass er auch von nur einer Person beladen werden kann.
- **Praktisches:**
  - ***Leinen*** zum Anbinden und Halten des Kanus.
  - ***Spanngurte*** zum Festzurren der Gepäck-Säcke und -Tonnen am Kanu.
  - Ein ***Schwamm*** zum Säubern und „Entwässern" des Kanus.
  - Ein ***Schloss*** (z. B. Spiralfahrradschloss) zum Sichern des Kanus am Ufer bei Besichtigungen oder festen Unterkünften.
  - Eine ***wasserdichte Kartentasche*** mit Befestigung am Boot.
  - ***Kniepolster /-matte*** aus geschlossenporigem Schaumstoff fürs knieende Paddeln im Canadier.
  - ***Reparaturzeug.*** Dazu gehören: wasserfestes Duck Tape-Klebeband (klebt fast alles), Mehrzwecktaschenmesser oder Tool mit Schraubenzieher, Kombizange und Reparaturset fürs Kanu.

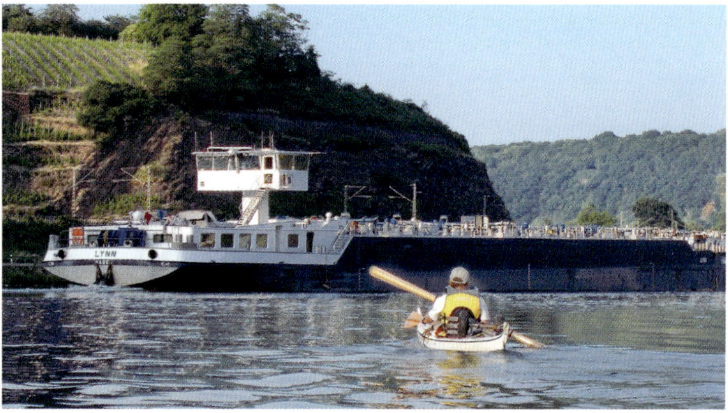

Auf der zweitwichtigsten Binnenschifffahrtsstraße Deutschlands sind Begegnungen mit Frachtschiffen an der Tagesordnung

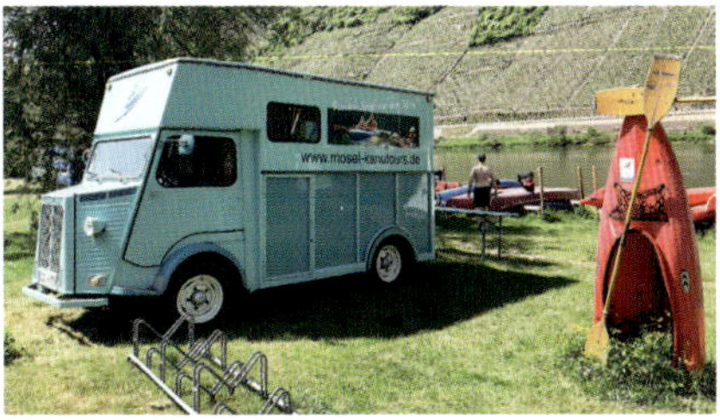

Kanu mieten

Zu Anfang ist es sinnvoll, sich ein Kanu zu mieten. Daher nennen wir in diesem Buch Kanuvermieter und Tourenveranstalter.

Idealerweise ist bei denen darauf zu achten, dass sie Mitglied im ***Bundesverband Kanu e. V.*** (BVKanu) sind.

Die BVKanu-Mitglieder garantieren Qualität und qualifizierte Mitarbeiter, Sicherheit und fachkundige Einweisung sowie einen Einsatz für den Naturschutz im Kanutourismus.

Auch das ***Qualitätssiegel QMW Kanu*** steht für besonders gute Qualität und Sicherheit bei Anbietern.

„Paddeln macht Spass"

In Kooperation mit Sponsoren zeigt das Team um Lars Thierling die Vielfalt von Camping & Kanusport. Das Team von „Kanu & SUP on Tour – Paddeln macht Spass" ist jedes Jahr 3 Wochen deutschlandweit unterwegs und besucht 8 Campingplätze, die in den schönsten Orten Deutschlands am Wasser gelegen sind. Sie informieren Probepaddler über den Wassersport, Kleidung, Zubehör und Destinationen und bieten kostenloses Kanu-, Kajakfahren und Stand Up Paddling an,
Termine und Infos: www.paddeln-macht-spass.de

Vereinsmitgliedschaft

Kanufahren zeichnet sich zwar durch Individualität aus, aber nicht immer fühlt man sich alleine auf dem Wasser wohl.

Die Mitgliedschaft im ***Deutschen Kanu-Verband (DKV)***, auch als nicht vereinsgebundenes Einzelmitglied, bietet über die Teilnahme an gemeinsamen Fahrten, dem Austausch persönlicher Erfahrungen zu Booten und Ausrüstung hinaus auch den Vorteil der preisgünstigen Übernachtung in den ***DKV-Kanustationen***.

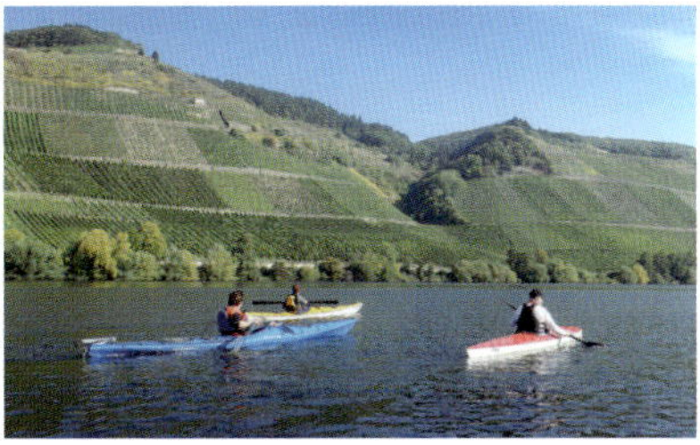

Die Ausrüstung

Es gibt kein schlechtes Wetter – nur falsche Kleidung! Für die in diesem Buch beschriebenen Touren benötigt man keine teure High-Tech-Kleidung, aber eine gute ***Regenjacke*** und ***-hose*** muss im Gepäck sein. Ansonsten sollte nach dem „Zwiebelprinzip" verfahren werden – mehrere leichte Kleidungsstücke übereinander ziehen.

Fleecepullis mit ihrer hervorragenden Isolationseigenschaft, geringem Gewicht und der Tatsache, dass sie im nassen Zustand noch wärmen, aber auch schnell trocknen, sind ideal.

Eine ***Hose*** aus einem ***Synthetik-Baumwollgemisch*** trocknet schnell und ist geeigneter als eine Jeans.

Schuhe müssen nicht schön sein, sondern vor allem fest sitzen. Am besten sind Schnür-, Sport- oder spezielle Paddlerschuhe. Für Ausflüge haben wir ***Wanderschuhe*** dabei.

Da die Sonneneinstrahlung auf Wasserflächen sehr intensiv ist, dürfen ein ***Kopf-Sonnenschutz*** und eine ***Sonnenbrille*** nicht fehlen.

Die hier beschriebene Ausrüstung findet Platz in wasserdichten ***Weithals-Tonnen*** mit Schraubdeckel sowie wasserdichten ***Packsäcken*** (optimal transparent oder mit Sichtfenster), die durch einen „Roll-/Steckverschluss" wasserdicht verschlossen werden. Mehrere kleine sind idealer als wenige große!

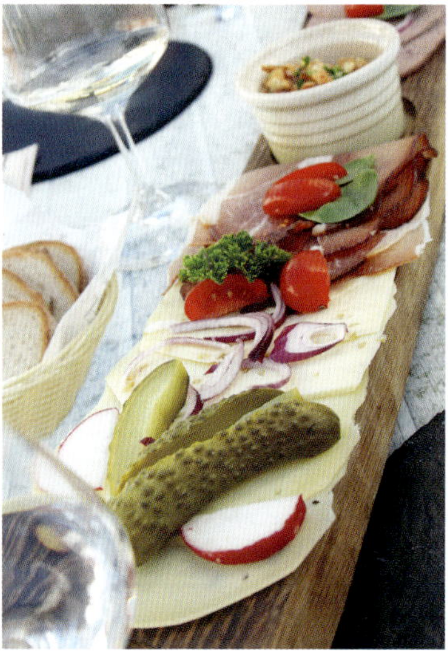

Die meisten Kanuvermieter händigen wasserdichte Tonnen vor Antritt der Fahrt aus. Ist man jedoch mit dem eigenen Kanu unterwegs und scheut zu Anfang die für mehrere Säcke/Tonnen recht hohen Anschaffungskosten, tun es zu Beginn auch stabile Plastik- oder Müllsäcke.

Viele der hier beschriebenen Streckenabschnitte lassen sich so planen, dass mit wenig Gepäck von ***Gasthof zu Gasthof*** gepaddelt werden kann, um am Abend warm und trocken beim Essen im Schankraum oder herrlich auf der Terrasse zu sitzen.

Ein ***Zelt***, ein ***Schlafsack*** und eine ***Isomatte*** sollten jedoch trotzdem immer dabei sein. Denn wer weiß schon, ob er sein Tagesziel auch erreicht oder ein Gewitter die Planung über den Haufen wirft.

Campingküche

Will man auf seinen morgendlichen Kaffee oder Tee bzw. die Spaghetti am Abend nicht verzichten, muss ein ***Campingkocher*** mit auf Tour.

Folgende Typen sind zu unterscheiden:

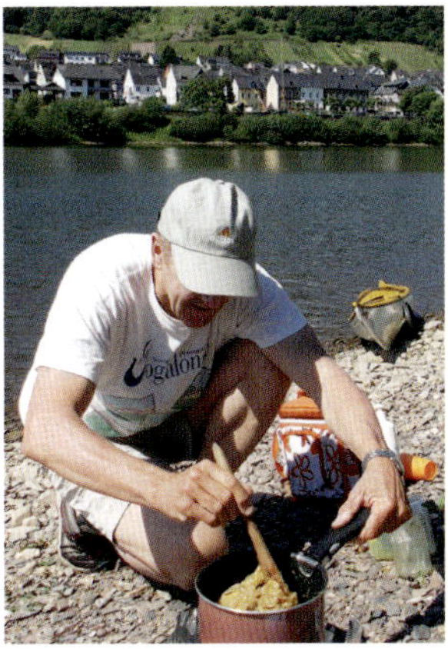

- **Benzinkocher.** Hat den höchsten Heizwert. Benzin ist überall zu bekommen und billig.
- **Gaskocher.** Nicht so hoher Heizwert, jedoch sauberes Verbrennen. Teure Kartuschen.
- **Multifuelkocher.** Guter Heizwert. Ist mit fast jedem Flüssigbrennstoff zu betreiben und sehr leicht.
- **Petroleumkocher.** Hoher Heizwert, jedoch Geruchsbelästigung, die, anders als beim Benzin, nicht „verfliegt".
- **Spirituskocher.** Sind leicht und einfach zu handhaben. Relativ geringer Heizwert.

Als weitere Küchenausstattung empfiehlt sich ein ***Kochset***, bestehend aus zwei oder drei verschieden großen, ineinander gestellten Kochtöpfen (2 L, 1,5 L, 1 L) mit zwei verschieden großen Deckeln, die gleichzeitig als Pfannen dienen.

Eine ***Espressokanne*** ist für den morgendlichen Kaffee ideal. Weiterhin ein ***Wassersack mit Frischwasser,*** flache und tiefe ***Teller*** oder ***Müslischalen***, ***Besteck***, ***Thermoskanne***, ***Thermobecher***, kleines ***Schäl- und Schneidemesser***, ***Schneidebrett***, ***evtl. Alufolie***, ***Geschirrtuch***, ***Spülmittel*** und eine ***Faltschüssel*** für den Abwasch.

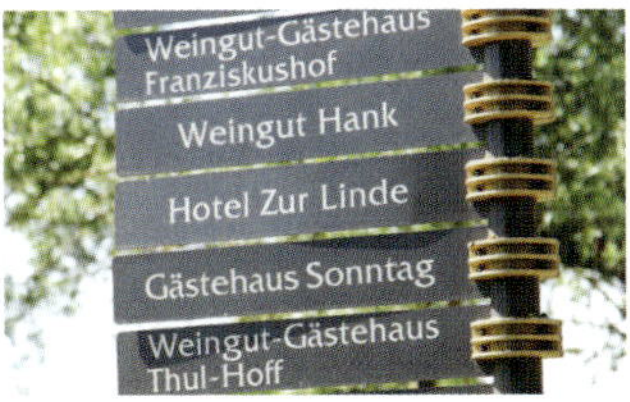

Man kann die Campingküche aber auch getrost zu Hause lassen, denn entlang der Strecke finden sich viele Einkehrmöglichkeiten.

Nützliches & Unentbehrliches: ***Klappspaten, Toilettenpapier, Erste-Hilfe-Set, Insektenschutz, Waschzeug, Taschenmesser evtl. mit Tool, Taschenlampe (Stirnlampe), Fernglas, Schreibutensilien, Tagesrucksack.***

Kleine Kajak- & Canadier-Fahrschule

Allgemeines – Kajak & Canadier

Ein Zweier-Boot wird hauptsächlich von hinten gesteuert. Das sollte also die Position des erfahreneren, bzw. kräftigeren Paddlers sein. Vorteilhaft ist es, im gleichen Rhythmus zu paddeln. Wichtig: Der Vordermann sollte auf evtl. Hindernisse hinweisen, die sich in der Fahrtroute befinden.

Im Canadier kann gekniet oder gesessen werden. Die Knieposition (Hintern auf der Sitzkante, Knie etwas gespreizt am Boden) hat den Vorteil, dass der Schwerpunkt tiefer liegt und mehr Bootskontakt möglich ist.

Im Kajak sollten die Fußstützen so eingestellt werden, dass zwischen ihnen und der Rückenlehne ein guter Kontakt bei aufrechter Sitzposition besteht. Bei Kajaks mit Fußsteuerung den Abstand der Pedale so wählen, dass die Beine leicht angewinkelt sind und genügend Spielraum nach vorne haben, um die Pedale durchzutreten und das Steuer bewegen zu können.

Die Spritzdecke wird beim Kajak zunächst hinter dem Körper um den Rand der Luke (Süllrand) gelegt und dann von hinten beginnend nach vorne über diesen gezogen. Dabei muss darauf geachtet werden, dass die Grifflasche vorne freiliegend herausschaut. Wichtig: mit geschlossener Spritzdecke nur paddeln, wenn ein kontrolliertes Aussteigen vorher geübt wurde.

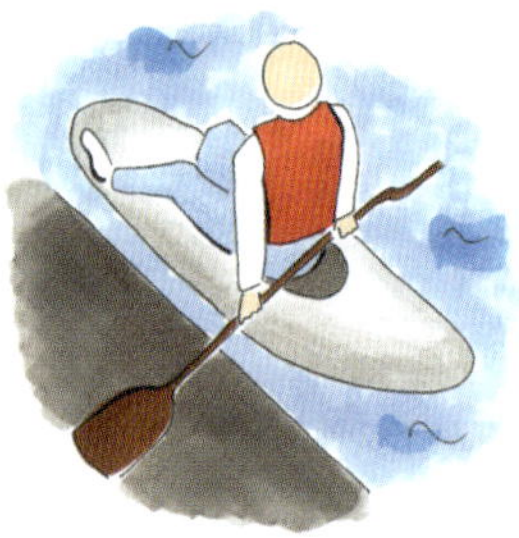

Paddelbrücke Kajak

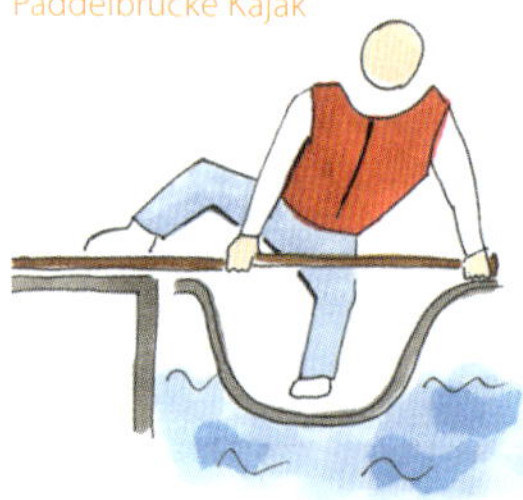

Paddelbrücke Canadier

Ein - / Aussteigen – Kajak & Canadier

Das Boot wird im Wasser parallel zum Ufer positioniert. In Strömungsgewässern zeigt der Bug (vorne) immer stromaufwärts um ein sicheres Ablegen – weg vom Ufer – zu gewährleisten.

Bei ungefähr gleichem Niveau von Ufer / Steg und oberer Bootskante kann das Boot mit der sogenannten Paddelbrücke stabilisiert werden. Dazu wird der Paddelschaft waagrecht vor dem Körper (…im Kajak auch hinter dem Körper) auf beiden Bootsrändern mit den Händen fixiert, wobei das Paddelblatt am Ufer / Steg aufliegt. Jetzt den Körperschwerpunkt tief nach unten bringen und mit dem bootsseitigen Fuß zuerst, dann mit dem anderen Bein mittig ins Boot steigen und die Sitz- oder Knieposition einnehmen.

Sollte diese Einstiegsvariante nicht möglich sein, kann man sich auch gegenseitig helfen und das Boot stabilisieren. Immer im Zweier-Boot zuerst hinten (Steuermann), dann vorne einsteigen. Das Aussteigen erfolgt in umgekehrter Reihenfolge.

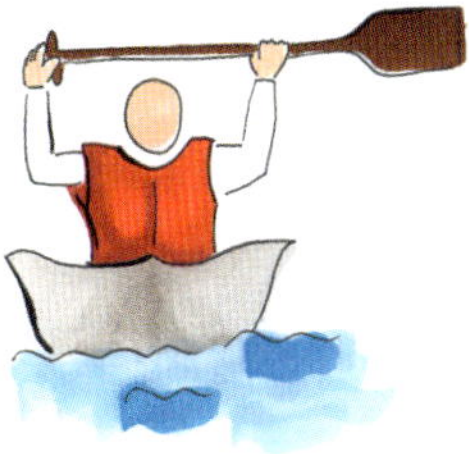

Paddelhaltung

Beim Stechpaddel (Canadier) umfasst die eine Hand wie bei einem Spaten den Griff von oben, die andere Hand den Schaft.

Beim Doppelpaddel (Kajak) greifen beide Hände den Schaft.

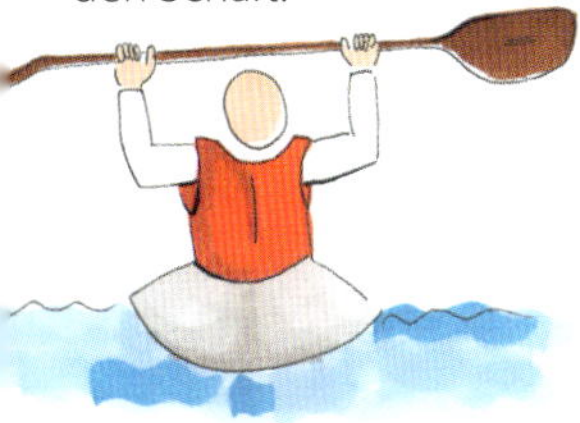

Der passende Abstand der Hände (Kajak und Canadier) ist erreicht, wenn der Winkel zwischen Ober -, und Unterarmen beim auf den Kopf legen des Paddelschafts etwa 90° beträgt.

Die wichtigsten Techniken und ihre Anwendung – Kajak & Canadier

Schlagrichtung des Paddlers: → Bewegungsrichtung des Bootes: →

Der Vorwärtsschlag (z.B. Boot in Fahrt bringen, beschleunigen):

Das Paddel vorne, nahe am Boot ins Wasser tauchen, am Boot entlang etwa bis zur Hüfte nach hinten ziehen und knapp hinter dem Körper aus dem Wasser nehmen. Im Kajak das Gleiche auf der anderen Seite wiederholen.

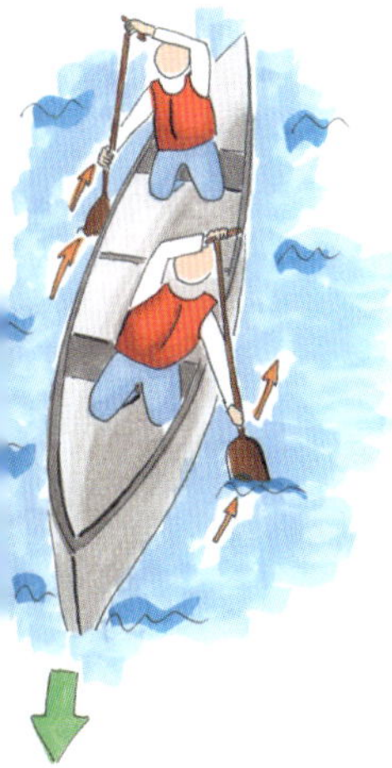

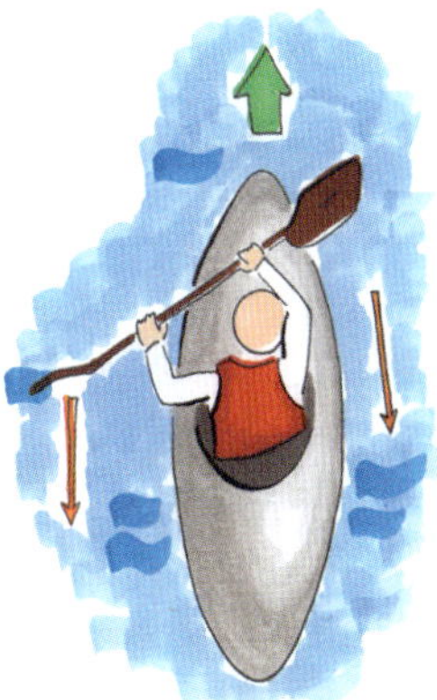

Im Zweier-Canadier paddeln beide auf unterschiedlichen Seiten (Seitenwechsel nach Absprache möglich).

Zum Bremsen, Stoppen oder Rückwärtspaddeln wird das Paddel – umgekehrt zu oben – knapp hinter dem Körper eingetaucht, nach vorne gedrückt und aus dem Wasser genommen.

Steuern

(z.B. Geradeausfahren, Spur halten):

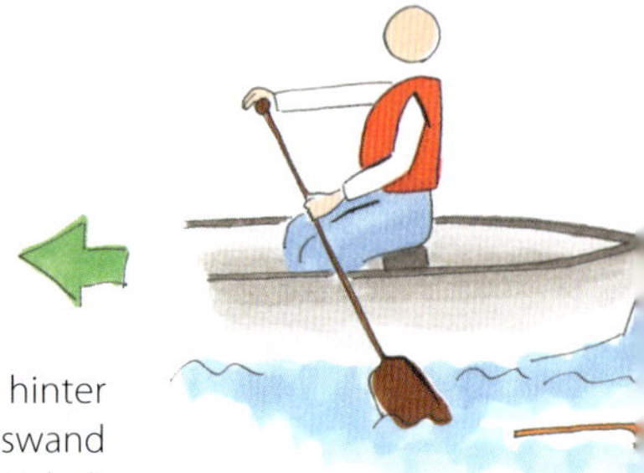

Ein Canadier kann einfach und sehr wirkungsvoll solo oder von der hinteren Position im Zweier-Boot gesteuert werden, indem das Paddel hinter dem Körper nahe und parallel zur Bootswand ins Wasser getaucht und dann (wie ein Hebel) vom Boot weg nach außen gedrückt wird. Der Daumen der Griffhand zeigt dabei nach oben.

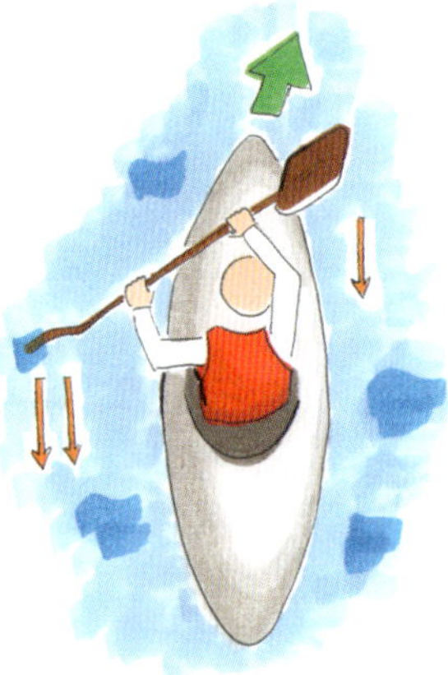

Wird im Kajak der Vorwärtsschlag auf einer Seite stärker ausgeführt oder weiter weg vom Boot nach außen gezogen als auf der anderen Seite, dreht das Boot zu dieser anderen Seite. So kann das Boot auf Kurs gehalten werden.

Beim Ab- und Anlegen mit Booten, die über eine Steueranlage verfügen, unbedingt daran denken, das Steuer rechtzeitig einzuklappen, um es vor Beschädigung zu schützen.

Bogenschlag – Kajak & Canadier

(z.B. Kursänderung oder Drehen des Bootes):

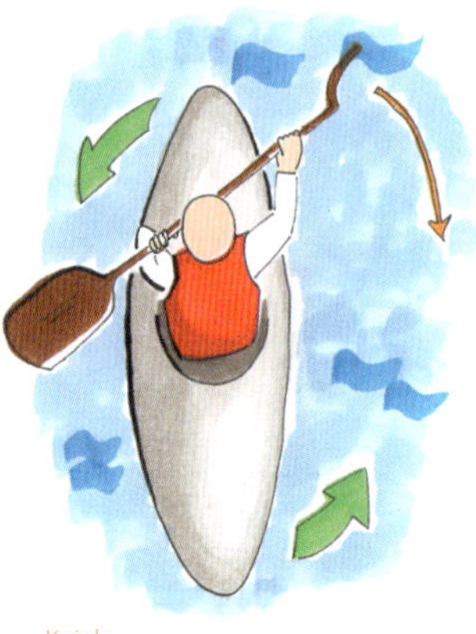

Kajak:
Bogenschlag vorwärts

Beim Bogenschlag vorwärts – das Paddel wird von vorne nach hinten gezogen – dreht das Boot weg von der Paddelseite. Hierzu wird das Blatt vorne, nahe am Boot ins Wasser getaucht und mit einer möglichst flachen Schafthaltung in einem weiten Halbkreis um den Paddler herum nach hinten geführt. Kurz bevor das Paddel mit dem Boot hinten in Kontakt kommt, wird es aus dem Wasser genommen.

Beim Bogenschlag rückwärts – andersherum ausgeführt – wird das Paddel von hinten nach vorne gezogen und das Boot dreht zur Paddelseite hin.

Im Zweier-Boot führen beide Paddler auf ihrer jeweiligen Paddelseite unterschiedliche Bogenschläge aus und zwar gleichzeitig ein Paddler vorwärts und der andere rückwärts, je nachdem in welche Richtung gedreht werden soll. Um die Wirkung zu erhöhen wird jeweils nur ein Viertelkreis gezogen.

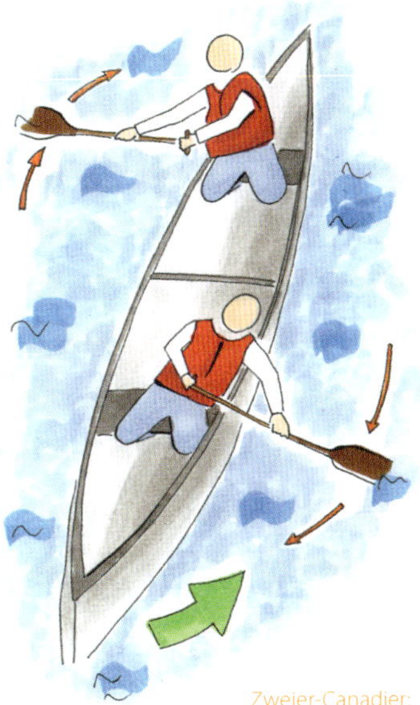

Zweier-Canadier:
Hinten Bogenschlag vorwärts
Vorne Bogenschlag rückwärts

Ziehschlag – Kajak & Canadier

(seitliches Versetzen des Bootes z.B. anlanden, ausweichen):

Das Paddel wird etwa auf Körperhöhe mit Abstand zum Boot, steiler Schaftstellung und dem Blatt parallel zur Bootswand ins Wasser getaucht und in gerader Linie zum Boot hin gezogen. Bevor das Paddelblatt in Kontakt mit der Bootswand kommt, wird es, ohne es zu drehen, nach hinten aus dem Wasser genommen.

Im Zweier führen beide Paddler diese Technik auf derselben Seite aus, da sich ansonsten das Boot dreht.

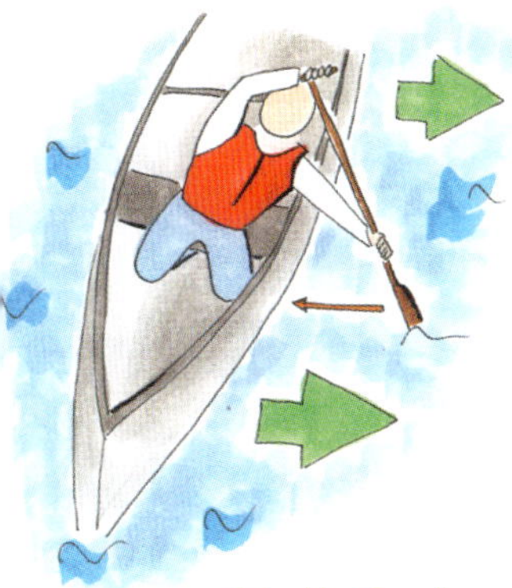

Ziehschlag Canadier

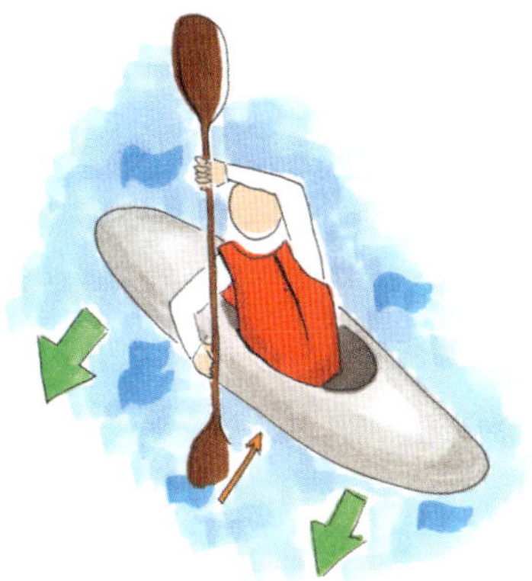

Ziehschlag Kajak

Paddelstütze – Kajak & Canadier

(z.B. Stabilisieren, Kenterung vermeiden):

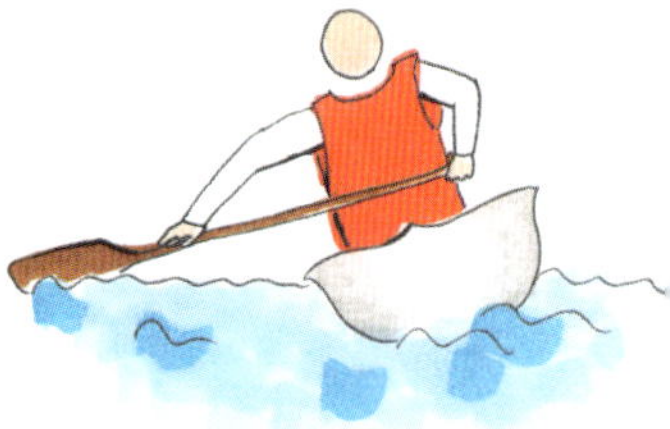

Hier wird das Paddel als Ausleger genutzt, um sich z.B. bei einer drohenden Kenterung zu stabilisieren und das Boot wieder aus der Schräglage aufzurichten.

Auf der zu stabilisierenden Seite wird das Paddel mit flacher Schafthaltung nahe vor dem Körper im 90° Winkel zur Längsachse des Bootes weit nach außen mit dem Blatt möglichst flach aufs Wasser gelegt. Unter Ausnutzung des Druckwiderstandes zwischen Paddelblatt und Wasseroberfläche kann man sich und das Boot für einen kurzen Moment wieder hochdrücken. Die Blattrückseite liegt dabei auf dem Wasser.

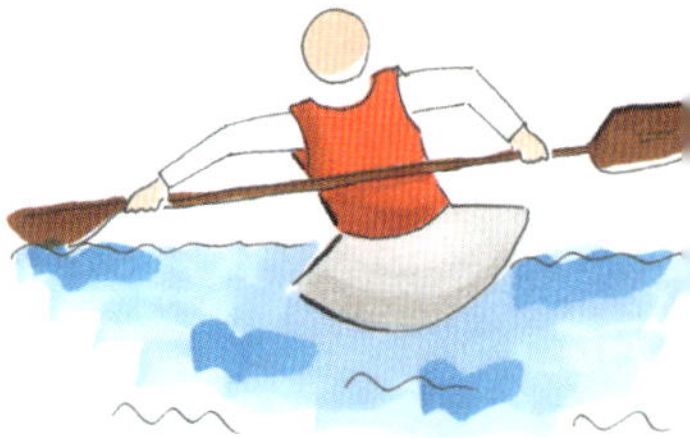

Infos zum für Sie nächstgelegenen Kanukurs bekommen Sie bei

Bundesverband Kanu e.V., c/o BVWW, Gunther-Plüschow-Str. 8, 50829 Köln, Tel. +49 (0)221 59 57 10, www.bvkanu.de

Deutscher Kanu-Verband e.V., Bertaallee 8, 47055 Duisburg, Tel. +49 (0)203 99 75 90, www.kanu.de

Weiterführende Literatur für Anfänger und Fortgeschrittene:

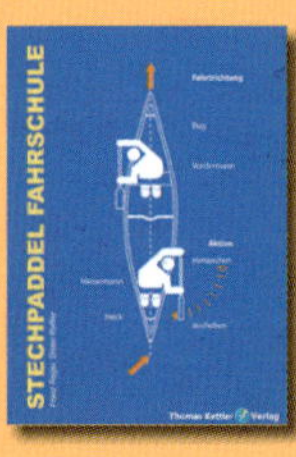

STECHPADDEL FAHRSCHULE

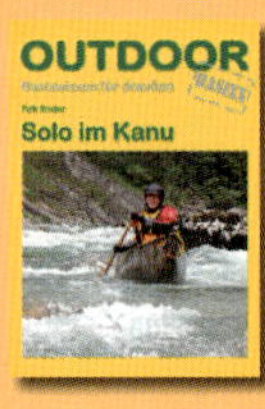

SOLO IM KANU

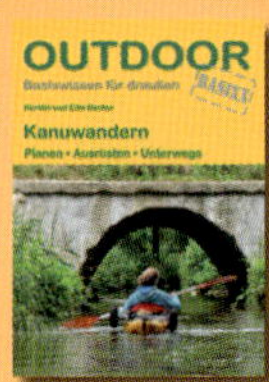

KANU-WANDERN

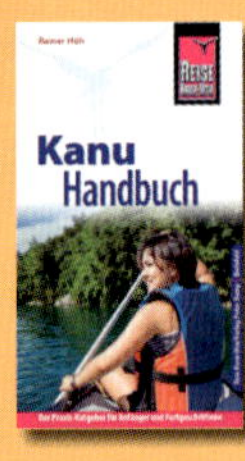

KANU HANDBUCH

Wichtiges zum Kanuwandern auf der Mosel

Kanufahren ist im Allgemeinen ein ungefährlicher Sport. Voraussetzung ist allerdings die **Einhaltung einiger Regeln:**

- ***Allein*** sollte nur paddeln, wer sein Kanu gut beherrscht.
- Das Tragen eine ***Schwimmweste*** sollte selbstverständlich sein.
- ***Kinder*** müssen immer eine ***ohnmachtssichere Rettungsweste*** tragen.
- Um vor unliebsamen Überraschungen sicher zu sein, sind vor der Fahrt ***aktuelle Informationen*** über den Streckenverlauf unerlässlich.
- Das ***Gepäck festzurren*** und gegen Verlust bei Kenterung sichern.
- Nicht ***alkoholisiert*** ins Kanu steigen.
- Grundsätzlich gilt, dass die ***Berufsschifffahrt*** immer Vorfahrt hat.
- Die wichtigsten ***Binnenschifffahrtszeichen*** finden Sie im Umschlag.
- Ein aufgefrischter ***Erste-Hilfe-Kurs*** sollte selbstverständlich sein, um nicht nur anderen, sondern auch sich selbst helfen zu können.

Verhalten auf dem Wasser

- Nicht in oder um Pflanzenbestände (Röhricht, Schilfgrün) fahren.
- Nicht am Ufer durch Altarme fahren, da sich dort oft Brut- oder Laichzonen befinden.
- Gruppen bitte zusammenbleiben.
- Sperrzonen und -zeiten respektieren und ausreichend Abstand zu Gelegezonen halten.
- Keine Tiere durch Lärm stören.
- Zu Vogelansammlungen ausreichend Abstand halten und keine Wasservögel vor sich „hertreiben".
- Vom Wasser her schon von weitem sichtbar sind die speziell für Wasserwanderer ausgewiesenen Ein- und Ausstiegsstellen an der Mosel. Das Anlanden von Paddelbooten ist ausschließlich an diesen Stellen erlaubt. Dort finden sich auch häufig Toiletten.
- Auf jeden Fall Abfälle wieder mitnehmen oder diese an den dafür vorgesehenen Rastplätzen in der Mülltonne entsorgen.
- Wildzelten ist im Moseltal verboten. Das Angebot an Zeltplätzen, Bootshäusern der Wassersportvereine, Jugendherbergen, Pensionen und Hotels direkt am Wasser ist so umfangreich, dass jeder eine Übernachtungsmöglichkeit nach seinem Geschmack finden wird.

Schleusen

Die Mosel ist nach dem Rhein die zweitwichtigste Binnenschifffahrtsstraße Deutschlands. 16 Millionen Gütertonnen werden jährlich auf ihr bewegt. Klar, dass für die Berufsschifffahrt groß dimensionierte Schleusen (Kammerlänge 170 Meter) zur Verfügung stehen – zehn im deutschen Teil der Mosel, zwei im deutsch-luxemburgischen Grenzbereich.

Auf unserer Tour müssen **9 Staustufen** überwunden werden. An allen Staustufen ist für die Sportschifffahrt, also auch Kanuten, jeweils eine zusätzliche **Sportbootschleuse** vorhanden. Man folgt der mit Schildern angezeigten, vorgeschriebenen Fahrtrichtung: .

In **Wintrich, Zeltingen, Enkirch, Fankel** & **Müden** gibt es zusätzlich **Bootsgassen** für Boote bis 1,20 m Breite und 0,30 m Tiefgang.

In **Lehmen** und **Detzem** gibt es zusätzlich eine **Bootsschleppe**. Ferner können Paddler an fast allen Sportbootschleusen leicht umtragen.

Die *Sportbootschleusen & Bootsgassen* an der Mosel sind alle automatisiert. Die Bedienung der ***SB-Sportbootsschleusen*** wurde so vereinfacht, dass das Kanu während des Schleusens nicht mehr verlassen werden muss. In der Schleusenkammer wird die Schleuse über Metallstangen an den Kammerwänden in Gang gesetzt. Die genaue Anweisung, befindet sich am Eingang der Schleuse. Das Schleusen in der Sportbootschleuse dauert zwischen 10 und 20 Minuten.

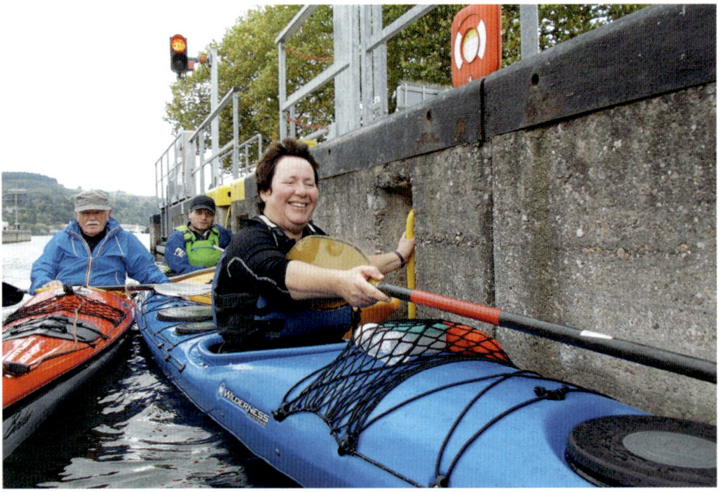

Auch der Ablauf in der *Bootsgasse* ist auf einer Hinweistafel vor der Einfahrt beschrieben. Durch Drücken eines Knopfes senkt sich ein Wehr ab, sodass Wasser in eine Rinne (ähnlich wie eine Rutsche) fließt. Nach ca. 10 Sekunden springt die Ampel auf Grün und man hat 20 Sekunden Zeit, um einzufahren, was man problemlos schafft. Paddel einziehen und dann geht es im rasanten Tempo auf einer Strecke von ca. 100 Metern nach unten, was wirklich Spaß macht. Wer unsicher ist, macht das Kanu zunächst fest, löst den Mechanismus aus und schaut sich das Ganze an – dann kann man entscheiden, ob man fährt oder vielleicht lieber umträgt.

Die SB-Sportbootschleusen und SB-Bootsgassen sind vom **1.4.-31.10. in Betrieb.** Alternativ oder außerhalb der Saison (1.11.-31.3.) kann auch leicht umtragen werden. Meist ist auch ein Mitschleusen in der großen Kammer möglich – bitte beim Schleusenwärter anfragen.

10 Tage im Jahr (Mai / Juni) haben alle Schleusen wegen Wartungsarbeiten geschlossen – dann ruht die Schifffahrt auf der Mosel.

Infos zu jeder Schleuse wie Betriebs- & Sperrzeiten, Kontaktdaten usw.: *www.elwis.de >Binnenschifffahrt >Schleuseninformationen*

Infos zu den Sperrzeiten:
www.moselkommission.org >Downloads >Sperrzeiten und Verkehr

Infos zu den 9 Sportbootsschleusen unserer Strecke

Bereich WSA Trier © Wasser- und Schifffahrtsamt Trier

Detzem	Wintrich	Zeltingen
Mosel-km 166,2 rechts	Mosel-km 141,5 links	Mosel-km 123,8 links
Tel. (06507) 9381-21	Tel. (06534) 9376-21	Tel. (06531) 9629-21

Bereich WSA (Wasser- & Schifffahrtsamt) Koblenz
© Wasser- und Schifffahrtsamt Koblenz

Enkirch	Fankel	Lehmen
Mosel-km 103 links	Mosel-km 59,4 rechts	Mosel-km 20,8 links
Tel. (06541) 8372-21	Tel. (02671) 91678-21	Tel. (02607) 9409-0
St. Aldegund	**Müden**	**Koblenz**
Mosel-km 78,4 links	Mosel-km 37,1 rechts	Mosel-km1,9 links
Tel. (06542) 9371-21	Tel. (02672) 9376-21	Tel. (0261) 9819-3850

Zahlreiche gute **Ein-/Aussetzstellen,** bzw. Rastplätze mit Abfallbehältern und Toiletten, erlauben maximale Flexibilität bei den Tagesetappen. Bitte landen Sie mit dem Kanu nur an den ausgewiesenen Stellen an.

TIPP: Besorgen Sie sich vor Fahrtantritt evtl. zusätzlich die Broschüre ***„Wasserwanderroute Mosel“,*** bei der Mosellandtouristik in Bernkastel-Kues, Kordelweg 1, Tel. (06531) 973 30, www.visitmosel.de

Die Mosel führt im Winterhalbjahr immer mal wieder **Hochwasser.** Besonders bei einer Tour im Frühling unbedingt ***aktuelle Wasserstände*** anschauen: *www.hochwasser-rlp.de/karte/uebersicht/flussgebiet/mosel*

Kennzeichnungspflicht des Bootes

Kanus sind auf Binnenschifffahrtsstraßen zwar von der Führung eines amtlichen Kennzeichens befreit, müssen aber dennoch gekennzeichnet sein, um Ärger und eine Geldbuße zu vermeiden:

1. *Bootsname auf beiden Außenseiten in gut lesbaren mindestens 10 cm hohen lateinischen Schriftzeichen.* ***Alternativ Name der Organisation / Verein*** *der es angehört oder deren gebräuchliche Abkürzung mit einer Nummer dahinter. Die Schriftzeichen müssen in heller Farbe auf dunklem Grund oder in dunkler Farbe auf hellem Grund angebracht sein.*
2. *Name und Anschrift des Eigentümers an gut sichtbarer Stelle innen oder außen am Boot.*

Gelbe Welle

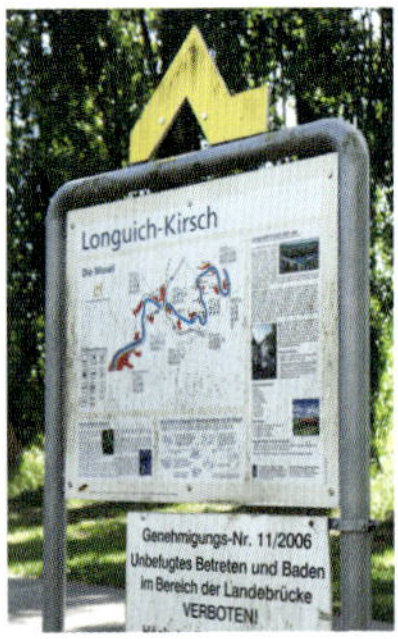

Das entlang der Strecke anzutreffende Symbol **„Gelbe Welle“**, wird in Deutschland als einheitliches Informationsinstrument für wassertouristische Angebote eingesetzt und ist nicht nur für motorisierte Wassertouristen interessant. Mit dem Gelbe Welle-Symbol soll besseres Erkennen von Anlandemöglichkeiten gewährleistet sowie durch Piktogramme Auskunft über die Ausstattung der Marina /des Anlegers gegeben werden.

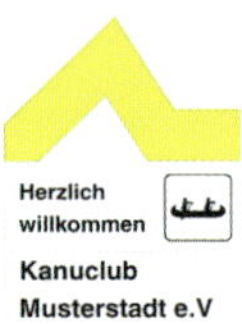

Das Symbol steht für *Qualität, Sicherheit & Umweltschutz* und signalisiert Wasserwanderern, dass sie „Herzlich Willkommen“ sind – an der Mosel gibt es 47 Gelbe Welle-Anleger, davon **44 „Gelbe Welle Kanu“** (zu erkennen an dem zusätzlichen Kanusymbol). Wir haben die meisten Gelbe Welle Anleger nicht in den Karten im Buch eingezeichnet.

Hindernisse & andere Schiffe auf der Mosel

Auf der Mosel gelten die Richtlinien der **Moselschifffahrtspolizeiverordnung**, nach der Kanus als Kleinfahrzeuge gelten. Kanufahrer müssen daher Großfahrzeugen ausweichen. Die Fahrrinne freihalten und nur dann kreuzen, wenn dadurch kein Großfahrzeug behindert wird.

Da es in den schmalen Mäandern der Mosel aufgrund des Schiffverkehrs manchmal eng werden kann, sollten Paddler hier ein besonders wachsames Auge auf die **Berufsschifffahrt** haben. Die Frachter sind trotz ihrer Größe so leise, dass man sie kaum hört, d.h. auch bei Flussseitenwechsel sehr genau schauen und immer zügig die Seite wechseln.

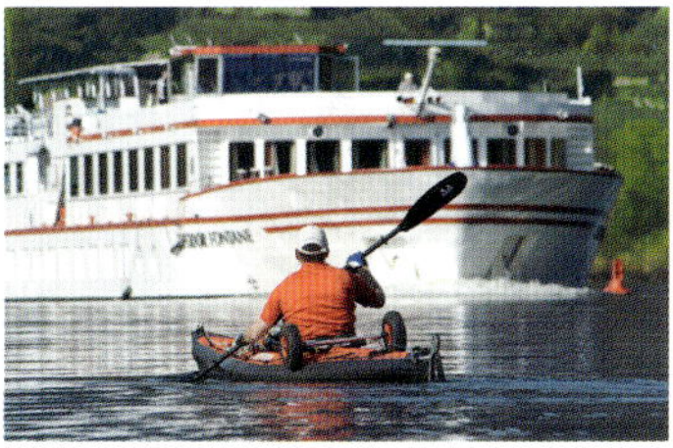

Grundsätzlich gibt es vier verschiedene **Schiffstypen**, die uns auf der Mosel begegnen können: ***Sportboote, Ausflugsdampfer, Frachter*** und ***Binnenkreuzfahrtschiffe***. Wird man von einem Boot passiert, sollte man seine Aufmerksamkeit auf das Wasser richten.

Schnell vorbeifahrende Sportboote und Ausflugsdampfer erzeugen **hohe Wellen**. Dann dreht man sein Boot und stellt Kanu-Bug oder -Heck im rechten Winkel zu den Wellen und wartet/reitet die Wellen ab.

Frachter, die tief im Wasser liegen, verdrängen viel Wasser und erzeugen eine enorme **Rückströmung** gegen ihre Fahrtrichtung, gegen die man anpaddeln muss. Je schmaler der Fluss, desto stärker ist diese Strömung.

Vor **Wasserskistrecken** wechselt man am besten die Uferseite – es kann ganz schön unangenehm sein, auf die von allen Seiten anschwappenden Wellen reagieren zu müssen. Wasserski ist nur an den dafür vorgesehenen gekennzeichneten Stellen gestattet. Und zwar bei Tag (7-20 Uhr, jedoch nicht vor Sonnenaufgang bzw. nach Sonnenuntergang) oder zu den durch zusätzliche Schilder ausgewiesenen Zeiten. Ferner muss die Sicht gut sein, also mehr als 1.000 Meter betragen.

Infos dazu finden Sie unter: www.wsa-mosel-saar-lahn.wsv.de >Schifffahrt >Sport- und Freizeitschifffahrt

Infos zu **Regelungen auf Schifffahrtstraßen** finden Sie in der Broschüre ***„Sicherheit auf dem Wasser. Wichtige Regeln und Tipps für Wassersportler“*** kostenlos unter www.elwis.de oder www.bsh.de jeweils unter >Suchbegriff ***„Sicherheit auf dem Wasser“***.

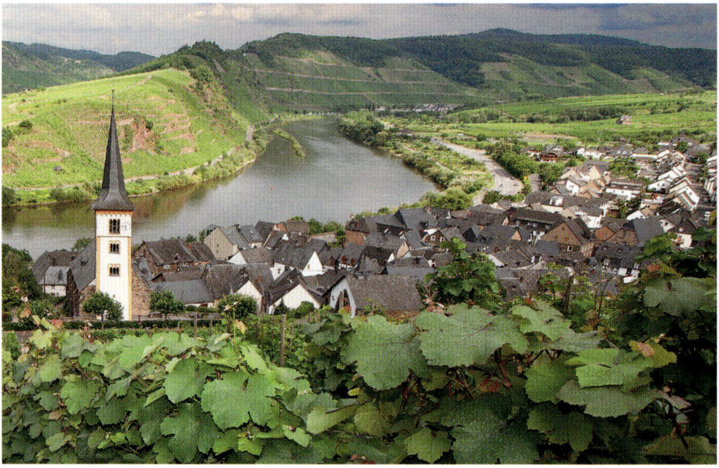

Gewundener Flusslauf, Weinstöcke an steilen Hängen und einladende Orte, wie hier Bremm, machen den Reiz der Mosel aus

Die Mosel entspringt an der Westseite des in 731 Metern Höhe gelegenen Col de Bussang (deutsch Büssing Pass) in den französischen Vogesen. Vom Quellgebiet fließt sie zunächst bis Thionville in nördliche, anschließend in nordöstliche Richtung in einem meist engen, gewundenen Tal mit zum Teil großen Schleifen. Rund 550 Kilometer legt sie durch Frankreich, Luxemburg und die deutschen Bundesländer Saarland und Rheinland-Pfalz zurück, bis sie am Deutschen Eck in den Rhein mündet. Damit ist die Mosel längster Nebenfluss des Rheins. Die Strecke von Konz (Mündung des mit 246 Kilometern längsten Mosel-Nebenflusses Saar) bis Pünderich wird Mittelmosel genannt, danach wird von der Untermosel oder auch Terrassenmosel gesprochen.

Nach dem Trierer Becken beginnt bei Schweich die reizvolle Landschaft, für die das Moseltal so beliebt ist. Auf 175 Kilometern haben sich tiefe Talmäander in die Hochflächen des Rheinischen Schiefergebirges eingeschnitten und trennen so die beiden Mittelgebirge Eifel im Nordwesten und Hunsrück im Südosten. Aufgelockert durch bewaldete, sanfte Hügel werden die Hänge bestimmt von Felswänden, auf deren Terrassen die Rebstöcke über dem Abhang thronen. Der Calmont ist mit seinen 380 Metern Höhe und durchschnittlich 65% Steigung gar die steilste Einzellage Europas.

An den Moselufern locken reizvolle – unter Weinkennern bekannte – Orte mit Fachwerkhäusern. Und hoch über dem Fluss erblicken wir immer wieder Burgen und Burgruinen. Hinter jeder Biegung, Kehre oder Schleife des Flusses warten neue Überraschungen. Hier öffnet sich der Blick auf die Reichsburg in Cochem, dann lockt ein gemütlicher Weinort zur Rast, dort taucht die Marienburg auf dem Bergrücken bei Pünderich und Zell auf. Unterhalb rumpelt die Eisenbahn aus einem der zahlreichen Tunnel entlang des Flusses.

In Trier wird 2.000-jährige Geschichte erlebbar. Die Römer haben in der ältesten Stadt Deutschlands an vielen Stellen ihre Spuren hinterlassen. Auch Traben-Trarbach, Bernkastel-Kues oder Koblenz haben Touristen einiges zu bieten und locken diese in großer Zahl.

Zwischen der deutsch-französischen Grenze und der Mündung ist die Mosel seit 1964 durch zwölf Staustufen auf der gesamten Länge nahezu strömungsfrei. Obwohl wichtige Binnenschifffahrtsstraße, hat die Berufsschifffahrt auf der Mosel keinen störenden Umfang. An Wochenenden im Sommer können lediglich zahlreiche Motorbootkapitäne für Lärm und Wellen sorgen.

Der Name Mosel entstand aus dem keltischen Moseal über das lateinische Mosella. So auch der Name des Gedichts, mit dem der römische Dichter und Lehrer am Trierer Kaiserhof Decimius Magnus Ausonius dem Fluss bereits im 4. Jh. ein Denkmal setzte. In „Mosella" beschreibt er Mosel und Moseltal als blühende, reiche Landschaften.

Mosella ist die Verkleinerungsform von Mosa, dem lateinischen Namen der anfangs parallel zur Mosel fließenden Maas. Sie werden sehen, dass die Mosel weit mehr ist als nur eine „kleine Maas".

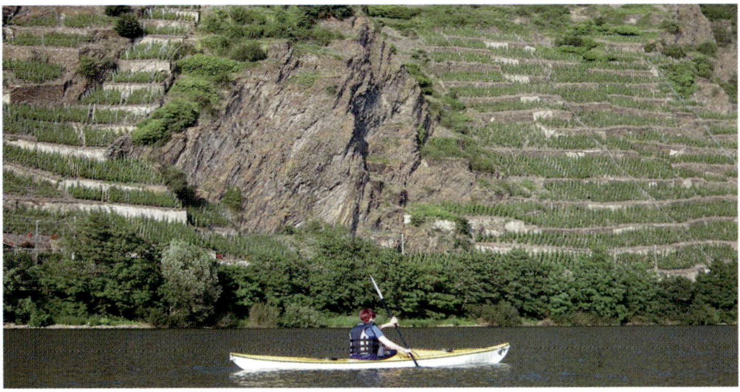

Infos zur Tour und Handhabung des Buches

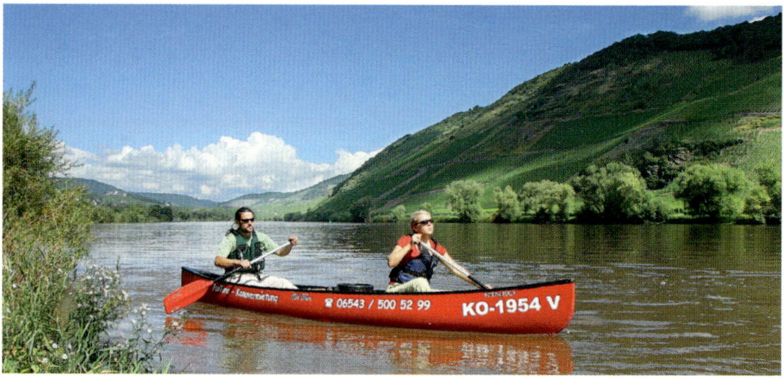

Bei Pünderich reichen die Steilhänge der Weinberge bis fast ans Ufer der Mosel heran

Die vorgestellte Tour, die bei durchschnittlichem **Wasserstand** einfach zu fahren ist, wurde von uns selbst gepaddelt und gründlich recherchiert. Allerdings sollte bedacht werden, dass bei verändertem Wasserstand aus der nahezu strömungsfreien Mosel ein reißender Fluss werden kann!

Die aufgeführten **Übernachtungsstellen** wie Campingplätze (meist 1.4.-31.10. geöffnet), Gasthöfe oder Jugendherbergen liegen immer am Wasser oder zumindest in Wassernähe. Um sich seines Bettes sicher zu sein, ist es notwendig, vorher telefonisch zu **reservieren**. Dies gilt ebenso für die Wassersportvereine (übers Internet anmelden). Manchmal reicht es aus, bei Ankunft die am Aushang hinterlassene Telefonnummer anzurufen.

Achten Sie bei der Tourenplanung auf **Ruhetage**. Sie können für vielfältige Aktivitäten genutzt werden. Es wäre schade, nicht wenigstens einigen der zahlreichen malerischen Städte und Dörfer sowie den sehenswerten Kirchen, Klöstern oder einer römischen Villa Rustica einen Besuch abzustatten. Wer vom Wasser genug hat, den erwartet auf **Wander- & Radwegen** ausreichend Gelegenheit zum „Aktivsein".

Die **Etappenvorschläge** im Infoteil schließen Wanderungen, längere Stadtrundgänge oder Museumsbesuche nicht mit ein. Der Übersichtlichkeit halber beschreiben wir die Mosel in diesem Buch in drei Etappen.

Öffnungszeiten haben wir so dargestellt: (Di-So 10-17), was heißen soll, dass Dienstag bis Sonntag von 10.00 Uhr bis 17.00 Uhr geöffnet ist.

Für den Transport zur Ein-/Aussetzstelle, zum Übernachtungsplatz oder bei den Umtragestellen ist ein **Kanuwagen** sehr hilfreich.

Besonders im städtischen Bereich haben wir ein Spiral- oder Bügelschloss dabei – es gibt uns ein besseres Gefühl, wenn wir das Kanu einmal längere Zeit liegenlassen.

Die Sternchen-Piktogramme (siehe nächste Seite oben) sollen eine schnelle Einschätzung der Kanutour auf der Mosel geben – wir haben Sternchen von 0 (wenig) bis 4 (viel) vergeben.

Kilometrierung

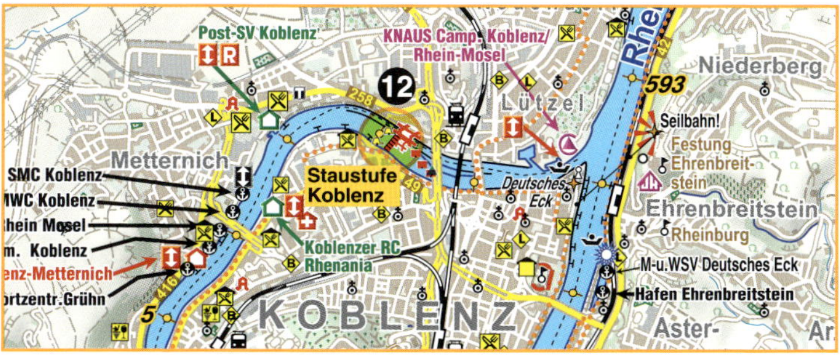

Um Ihnen die Nutzung der Wasserwanderkarten und Beschreibung der Tour in diesem Buch zu erleichtern, finden Sie sowohl auf den Karten als auch im Textteil in der Randspalte die jeweiligen **Kilometerangaben**.

Sie können **Entfernungen** leicht in den Karten abmessen: Die Strecke von einem gelben Punkt ⍜ zum nächsten ⍜ entspricht 1 km. Alle 5 km sind die Kilometerzahlen auf den Karten im Buch ausgeschrieben.

Die Kilometrierung der Mosel beginnt an der Rheinmündung am Deutschen Eck in Koblenz mit Kilometer 0 (Rheinkilometer 592,3) und steigt flussaufwärts an. Bei Kilometer 242,2 passiert der Fluss die deutsch-französische Grenze und war vorher auf den 36 Kilometern zwischen Perl und der Mündung der Sauer deutsch-luxemburgischer Grenzfluss.
Unsere Tour startet bei Mosel-Km 191,1.

Die Orientierung wird – wie an allen Bundeswasserstraßen – durch Kilometerschilder am Ufer (stromabwärts rechts) erleichtert. Schwarze Zahlen auf weißem Grund geben die vollen Kilometer an, schwarze Kreuze auf weißem Grund die halben Kilometer. Schmalere weiße Schilder mit schwarzen Zahlen benennen teilweise gar die 100-Meter-Schritte.

Zuständig für die Mosel als Verkehrsweg sind die **Wasser- und Schifffahrtsämter** (WSA) **Koblenz** (km 0-115,6) und **Trier** (km 115,6-242,2).

Infos zur gesamten Kanutour auf der Mosel

Aktivitäten	Natur	Kultur	Baden	Hindernisse
★★★☆	★★★☆	★★★★	★★☆☆	★☆☆☆

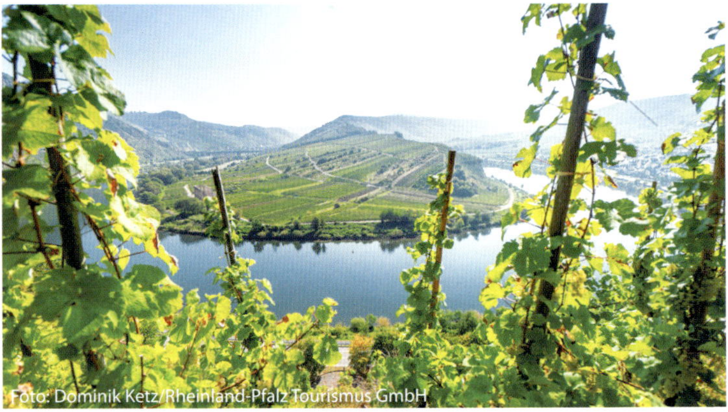

Foto: Dominik Ketz/Rheinland-Pfalz Tourismus GmbH

Charakter der Tour

Das Moseltal ist geprägt durch Weinberge und Flussmäander. Die beschriebene Kanutour ist von der Mosellandtouristik als *Wasserwanderroute Mosel* ausgewiesen. Das Gebiet ist touristisch hervorragend erschlossen, die Strecke lässt sich nahezu beliebig einteilen oder abkürzen.

Auf der fast strömungsfreien Mosel gleiten Paddler sanft an Weinbergen und alten Winzerdörfern vorbei – eine besondere Perspektive auf diese einzigartige Weinkulturlandschaft.

Obwohl der Fluss die – nach dem Rhein – zweitwichtigste Schifffahrtsstraße Deutschlands ist, erreicht die Berufsschifffahrt kein störendes Ausmaß. (ca. 10-20 Frachter pro Tag).

Lärm hingegen wird von Autos und LKWs auf den stärker befahrenen Straßen, Arbeitsmaschinen in den Weinbergen oder einzelnen Rasern auf wenig befahrenen Straßen erzeugt. Abends kehrt meist Ruhe ein.

Die teils den Fluss begleitende Bahn macht die Rückkehr zum Ausgangsort einfach.

Staustufen

Auf der Tour müssen 9 Staustufen überwunden werden, siehe Seite 18.

Sehenswürdigkeiten *(in der Reihenfolge des Tourenverlaufs)*

Trier: Siehe Seite 38.

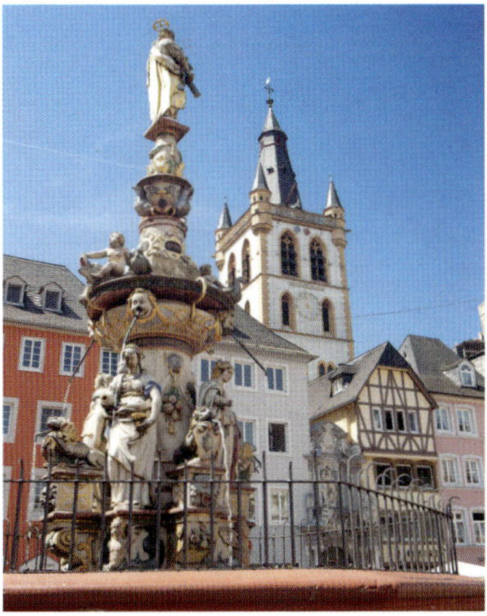

Der Petrusbrunnen auf dem Trierer Hauptmarkt. Im Hintergrund die Pfarrkirche St. Gangolf.

Schweich: *Alter Fährturm* aus dem 18. Jh., *ehem. Synagoge & jüdischer Friedhof.*

Longuich: *Villa Urbana* (eine Wohnanlage aus römischer Zeit), *Moselbrücke mit Zollhäuschen* (1912), *Maximinerhof* (12. Jh.), *Pfarrkirche St. Laurentius* (1771), *Alte Burg* (1360).

Mehring: *Villa Rustica* (römischer Gutshof), *Landwehrkreuz* (19 Jh.).

Klüsserath: *Pfarrkirche* mit Grabmal des Kreuzfahrers Graf Richard v. Hagen (1449), *ehemalige Wasserburg, Gerichtslinde, Echternacher Hof* (18. Jh.).

Trittenheim: *Spätbarocke Pfarrkirche, Laurentius-Kapelle* in den Weingärten, *Fährturm-Paar.*

Neumagen-Dhron: *Sehenswerter Ortskern, archäologischer Rundweg* mit Weinschiff, *Leugenstein* (212 n. Chr. errichteter Meilenstein), *Pfarrkirche St. Maria Himmelfahrt* (1792/93), *Peterskapelle* (1300), *Dreiärztekapelle* (1755) in Weinbergen.

Piesport: *Pfarrkirche St. Michael* (1777), *Mosel-Loreley, römische Großkelteranlage* (2./4. Jh.).

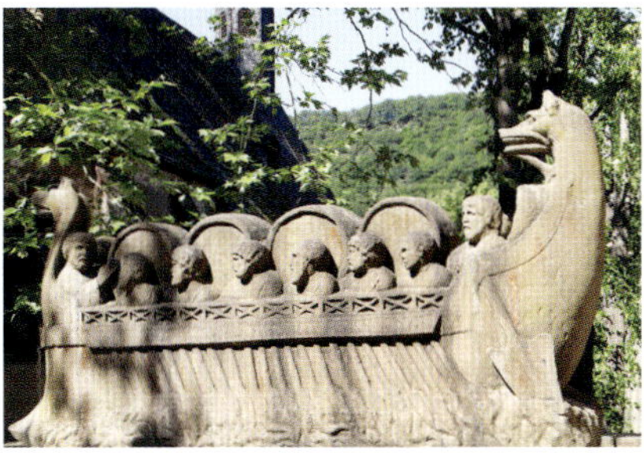

Replik des Neumagener Weinschiffs – Grabmal eines römischen Weinhändlers (um 220 n. Chr.)

Piesport-Niederemmel: *Pfarrkirche St. Martin* (1732).

Wintrich: *Großes Kruzifix* in den Weinbergen, *St. Stephanus* (Turm 13. Jh.), *Sternwarte.*

Brauneberg: *Klosterkirche* (ehem. Franziskanerkloster) mit ältester Krypta nördlich der Alpen, *römische Kelteranlagen, Simultankirche St. Remigius.*

Lieser: *Gründerzeitliches Schloss* (1887), *Paulskirche* (vor 1500) inmitten der Weinberge.

Bernkastel-Kues: *Mittelalterlicher Marktplatz* mit Giebelfachwerkhäusern aus dem 17. Jh., *Renaissance-Rathaus* (1608), *Cusanusstift, Burgruine Landshut* (13 Jh.), *Kirche zum Heiligen Geist* (1673), *Graacher Tor, Bärenbrunnen.*

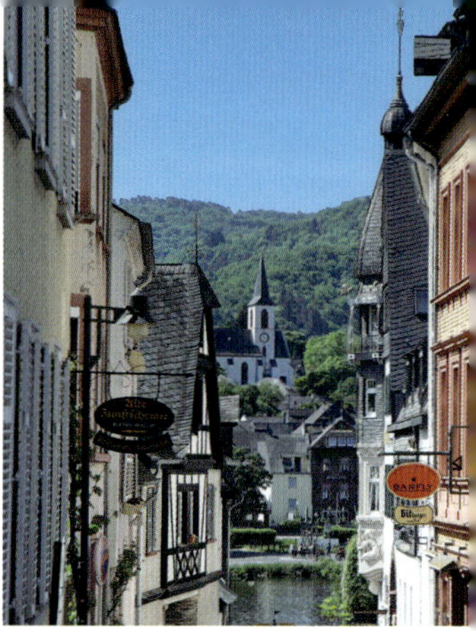

Traben-Trarbach

Wehlen: Vielzahl von *Sonnenuhren*, einzige *Hängebrücke* über die Mosel.

Zeltingen-Rachtig: Ehem. *Zisterzienserinnenkloster Machern mit historischem Puppen-, Spielzeug- und Ikonenmuseum, kath. Pfarrkirche St. Stephanus* (18. Jh.), *Deutschherrenhof.*

Erden: *Römische Kelteranlage* (3. Jh.), *kath. Pfarrkirche St. Anna.*

Kröv: *Dreigiebelhaus, Pfarrkirche St. Remigius* (1725), *Grablegekapelle* (1662), *Karolingerhof, Ruinen der Festungsanlage Mont Royal* auf dem gleichnamigen Berg.

Traben-Trarbach: *Ruine der Grevenburg* (1350), *Brückentor der Moselbrücke* (1899), *Jugendstilhotel Bellevue, Trabener Rathaus* (1899), *Lorettahaus, Marktplatz, Aacher Haus.*

Pünderich: sehenswerter *Weinort mit Fachwerkbauten* aus dem 16. Jh., *Altes Rathaus* (1548), *Fähre* zur linken Moselseite – *Aufstieg zur Marienburg, Eisenbahn-Hangviadukt, Altes Fährhaus* (1621).

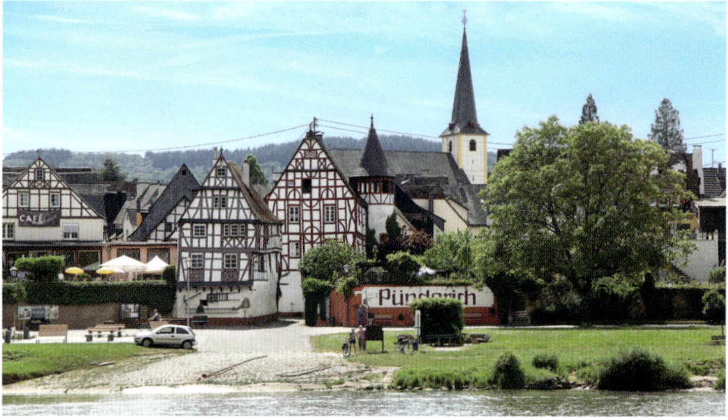

Zell: ***Marienburg, Kurfürstliches Residenzschloss*** (1536), ***Runder Turm*** (ehem. Pulverturm) der Stadtmauer (1222), ***Haus Caspary*** (1532), ***kath. Pfarrkirche St. Peter und Paul*** (1793), ***ehem. Synagoge,***

Zell-Kaimt: Ort aus keltischer Zeit (732/33).

Alf: ***Burg Arras*** (12. Jh.), ***Pfarrkirche*** mit Glockenturm von 1734 und ***Statue „Christus in der Rast"*** (15. Jh.), ***Heimatmuseum, Kurtrierer Amthaus*** (16. Jh.).

Bullay: ***Doppelstockbrücke Alf-Bullay*** (1878), ***Umweltbahnhof, Fachwerkbauten.***

Sankt Aldegund: ***Ortskern*** mit ***Fachwerkhäusern*** aus dem 15.-17. Jh., ***Christopherushaus*** (1473), ***Pfarrkirche St. Bartholomäus*** (1872), ***Kehr-Heiligenhäuschen, Alte Kirche*** (1144).

Bremm: ***Klosterruine Stuben*** zwischen Weinstöcken, ***Beginn des Calmont, Michaelskapelle, Storchenhaus*** (1686) am Moselufer, ***kath. Pfarrkirche St. Laurentius*** (15. Jh.).

Ediger-Eller: ***Calmont***, mit 380 Metern Höhe und durchschn. 65% Steigung die steilste Einzellage Europas. Im Weinberg ist ein ***Klettersteig. Meinradus-Marienkapelle*** (1667), ***Kaiser-Wilhelm-Tunnel*** (1887), ***Rochuskapelle*** (1510), ***St. Simeoner Hofhaus*** (16. Jh.), ***Pyrmonter Hof*** (14. Jh.), ***Springiersbacher Hof*** (13. Jh.).

Briedern: ***Servatiuskirche*** (14. Jh.), ***Servatiusbrunnen.***

Beilstein: ***Romantischer Ort*** mit Burgruine Metternich, ***„Wunderbare Schwarze Madonna"*** (12./13. Jh.) in ***Klosterkirche St. Joseph, Winneburger Zehnthaus*** (1577), ***Metternicher Hof, jüdischer Friedhof, Synagoge.***

Cochem: Siehe Seite 82.

Klotten: ***Burgruine Coraidelstein, kath. Pfarrkirche St. Maximin.***

Pommern: ***Rekonstr. keltische Siedlung*** mit Tempelbezirk auf dem Martberg, ***erzbischöfliches Burghaus*** (um 1400), ***Spilles, Himmeroder Hof*** (1256), ***kath. Pfarrkirche St. Stephanus.***

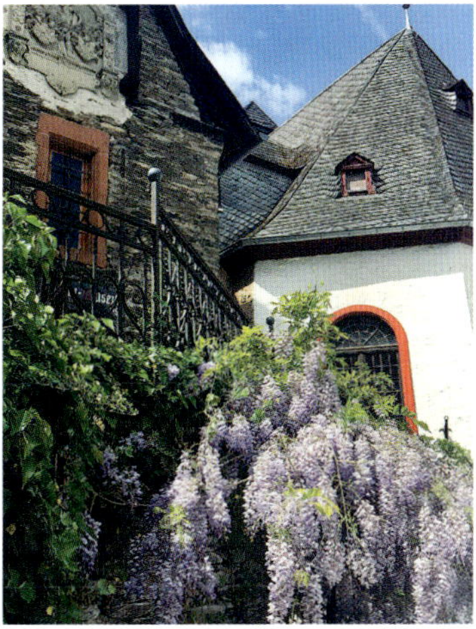

Beilstein

Treis-Karden: Imposante weiße ***Stiftskirche St. Castor*** (12./13. Jh.) – auch „Moseldom" genannt – mit ***Museum, kath. Pfarrkirche St. Johann Baptist, Burgruinen Treis*** und ***Wildburg.***

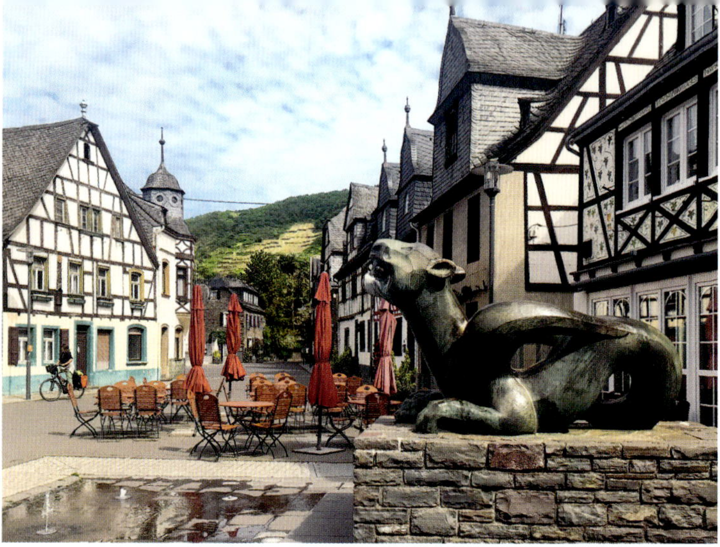

Kobern-Gondorf ist ein alter, geschichtsträchtiger Weinort

Moselkern: *Rathaus* (1535), *Merowingerkreuz* (um 700), *Hunsrückberg Druidenstein, Wanderung* durchs Elztal *zur Burg Eltz.*

Burgen: *Burg Bischofsheim und Pauluskapelle* (13. Jh.), *moselländische Fachwerkhäuser, Ehrenburg* im Ehrbachtal.

Hatzenport: *St. Johanniskirche* in den Weinbergen mit Turm von 1280, *Fährturm* (1863), *Burg Bischofstein, Kapelle Unterbischofstein.*

Brodenbach: *Ehrenburg* (1161) mit zahlreichen Veranstaltungen.

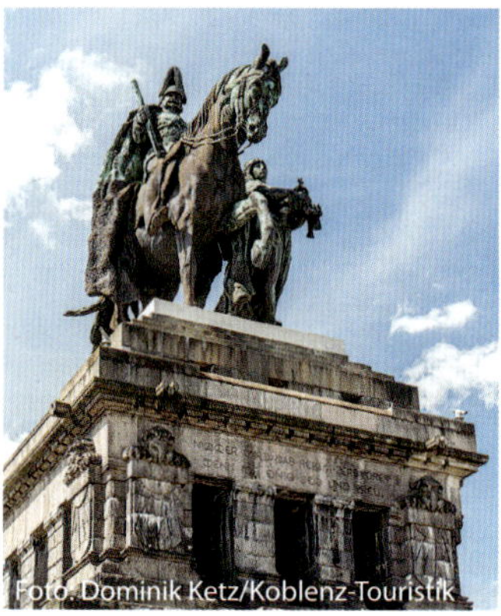

Foto: Dominik Ketz/Koblenz-Touristik

Koblenz – Kaiser-Wilhelm-Denkmal

Alken: *Burg Thurant* (1248), *Fallertor* (1256), *Laacher Hof* (1093), *Wiltburg Burghaus* (ab 1585), *kath. Pfarrkirche St. Michael* (12. Jh.).

Kobern-Gondorf: *Schloss von der Leyen* (12 Jh.) mit *Weinmuseum, Schloss Liebieg* (1158), *Oberburg* mit *Matthiaskapelle* (12 Jh.), *Ruine Niederburg* (1190).

Winningen: *Sehenswerter Ortskern, evang. Pfarrkirche* mit romanischem Chorturm (um 1200), *ältestes Weinfest Deutschlands.*

Koblenz: Siehe Seite 98.

Weitere Aktivitäten an der Mosel

Paddeln

- Auf den Nebenflüssen ***Saar, Sauer, Kyll*** oder ***Lieser***.
- Ab Koblenz weiter auf dem ***Rhein***.

Wandern

- ***Traumpfade und Traumpfädchen:*** Verschiedene, teils anspruchsvolle Tageswanderungen wie ***Bergschluchtenpfad Ehrenburg, Hatzenporter Laysteig*** oder ***Koberner Burgpfad*** sowie leichtere Spazierwanderwege (Halbtagestouren) werden vorgestellt auf www.traumpfade.info und www.sonnige-untermosel.de >wandern

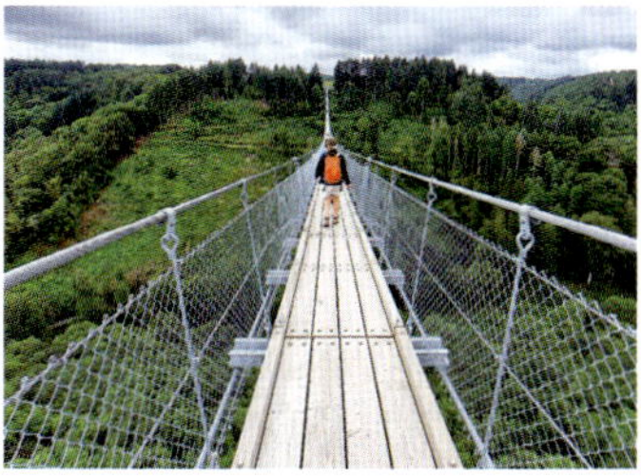

- Besuch der ***Geierlay Hängeseilbrücke.*** Start/Parken in Mörsdorf, 13 km östlich von Bruttig-Fankel.
- Der Fernwanderweg ***Moselhöhenweg*** (217,5 km) zwischen Trier und Koblenz ist durch ein „M" markiert. Höhepunkte der Etappen sind zahlreiche Burgen und Burgruinen sowie herrliche Aussichtspunkte auf das windungsreiche Moseltal und die romantischen Orte www.moseltouren.de/moselhoehenweg/index.html

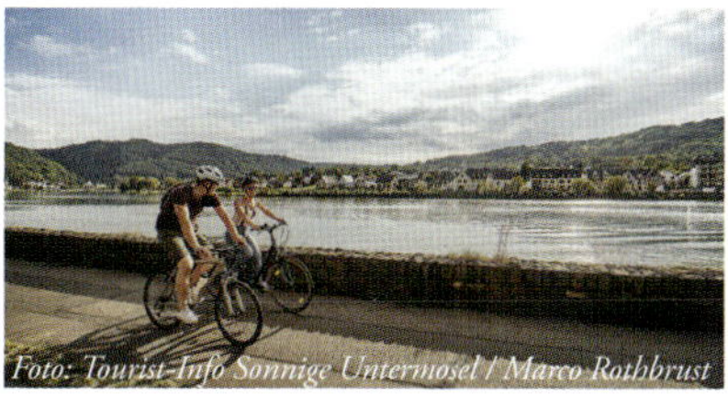

Foto: Tourist-Info Sonnige Untermosel / Marco Rothbrust

Radfahren

- Der ***Mosel-Radweg*** beginnt im französischen Metz in der Region Lothringen. Das Stück von Trier bis Koblenz ist rund 200 Kilometer lang. Man kann auf beiden Seiten des Flusses radeln, suchen Sie sich die schönsten Strecken. Am Deutschen Eck ist ein nahtloser Übergang auf den ***Rhein-Radweg*** möglich.
- Oder doch lieber eines der reizvollen Täler der ***Mosel-Nebenflüsse*** per Velo erkunden? Kein Problem, Radwege begleiten Saar, Kyll, Sauer und Lieser, www.radwanderland.de
- ***RadBus:*** Im Moseltal verkehren Sa, So & Fei, in den Ferien von Rheinland-Pfalz auch Mo-Fr, 5-6x tgl. zwischen den Orten verschiedene Radbusse. Bitte beachten: Einige können 20 Fahrräder und E-Bikes mitnehmen, andere nur 5 und keine E-Bikes! www.radbusse.de

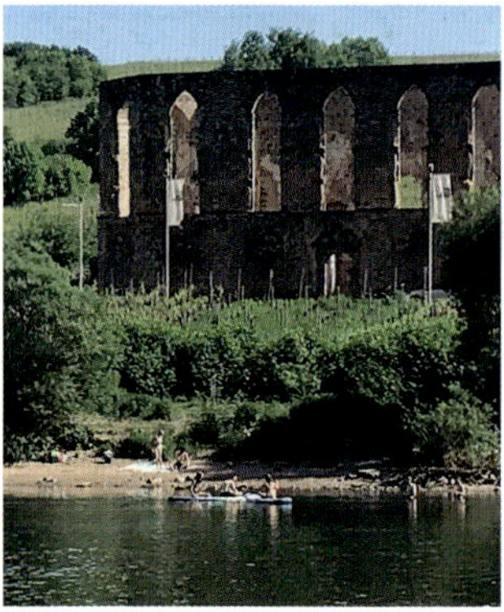

Baden & Schwimmbäder

▶ **Trier** (zwei Freibäder, ein Hallenbad), **Leiwen** (Panoramabad), **Schweich** (Freibad), **Zell** (Frei- und Hallenbad mit Saunabereich), **Kröv** (Freibad), **Traben-Trarbach** (Thermalbad mit Außenbereich und Saunalandschaft), **Ellenz-Poltersdorf** (beheiztes Freibad), **Cochem** (Frei- und Hallenbad mit Therme und Sauna), **Winningen** (Freibad), **Treis** (Freibad), **Koblenz** (Frei- & Hallenbäder). Auch zahlreiche Campingplätze verfügen über einen Pool.

▶ Das Baden in der Mosel ist zwar erlaubt, aber nicht ungefährlich – wegen im Fluss vorkommender unsichtbarer Strudel und die durch vorbeifahrende Schiffe verursachte Sogwirkung. Also, bitte mit Vorsicht.

Sonstiges

▶ ***Rundfahrten mit Fahrgastschiffen***. Es gibt diverse Anbieter:

▷ ***Personenschifffahrt Gebr. Kolb*** (zwischen **Trier** und **Cochem),** Tel. (02673) 15 15, www.kolb-mosel.de

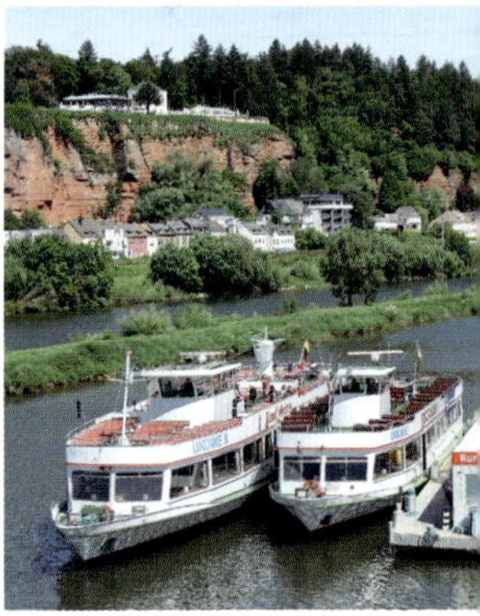

▷ ***Mosel-Schiffs-Touristik Hans Michels*** (rund um **Bernkastel-Kues & Traben-Trarbach),** Tel. (06531) 68 97, www.mosel-personenschifffahrt.de

▷ ***M.S. Princesse Marie-Astrid*** (Obermosel, im Sommer auch bis **Bernkastel-Kues**), Tel. +352 75 82 75, www.entente-moselle.lu

▷ ***Köln-Düsseldorfer Deutsche Rheinschifffahrt*** (auch Fahrten zwischen **Koblenz** und **Cochem),** Tel. (0221) 208 83 18, www.k-d.com

▶ ***Besucherbergwerk Fell*** *(Apr-Okt Di-So+Fei 10-18)* bei **Trier**, Tel. (06502) 98 85 88, www.besucherbergwerk-fell.de

▶ ***Museumsmühle „Molitorsmühle"*** *(Apr-Okt So+Fei 14-18),* Am Föhrenbach in **Schweich**, Tel. (06502) 13 36, www.molitorsmuehle.de

▶ ***Planwagenfahrten*** bieten diverse Winzer mit ihren historischen Traktoren durch die Weinberge an. Eine Auswahl der Anbieter unter www.mosel-ferienland.de/duits/planwagenfahrten.html

Der Moselsteig

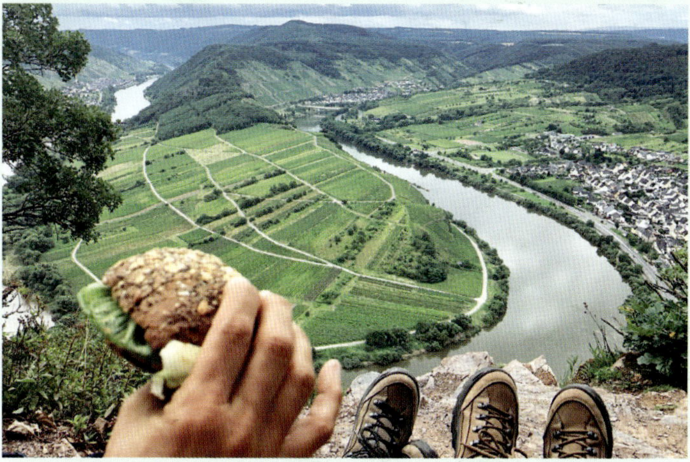

MOSELSTEIG

Der Moselsteig, einer der längsten Fernwanderwege Deutschlands, begleitet auf 365 km (24 Etappen zwischen 11-24 km) den deutschen Mosellauf von Perl an der deutsch-französisch-luxemburgischen Grenze bis zur Mündung in den Rhein in Koblenz.

Entlang der gesamten Strecke laden zahlreiche Weindörfer, Städtchen und Ortschaften zu Abstechern ein – zur Einkehr oder Übernachtung.

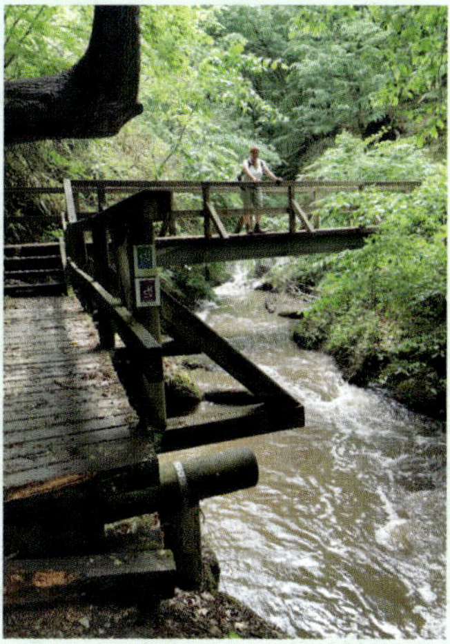

Die Etappen sind unterschiedlich geprägt und sehr abwechslungsreich. Mal einfach, mal schwerer, führen sie durch Wald, Weinberge und typische Weinorte.

SEITENSPRUNG

Wer noch nicht genug hat, kann sich auf einen „Seitensprung" begeben und durch die Weinberge hinauf auf die Höhen von Eifel und Hunsrück laufen – belohnt wird man mit herrlichen Ausblicken ins Moseltal.

Oder in einem Seitental eine „Traumschleife" erwandern – wie z.B. die Wildwasserwanderung in der „Traumschleife Ehrbachklamm".

Anreise nach Trier

Autobahn 1 Koblenz – Saarbrücken bis „Dreieck Vulkaneifel". Weiter auf der A 602 und ab „Trier Verteilerkreis" (Ende der Autobahn) auf der B 49 in die Stadt. Nach 2,5 Kilometern rechts zur Jugendherberge abbiegen.

Ein- & Aussetzstelle für die gesamte Moseltour

Einsetzen, km 191,1: ***Rudergesellschaft Trier 1883 e.V.***, An der Jugendherberge 3, 54292 Trier.

Aussetzen, km 0,2: ***Campingplatz Rhein-Mosel***, an der Mündung der Mosel in den Rhein am Deutschen Eck in Koblenz, Schartwiesenweg 6, 56070 Koblenz.

Weitere Ein- & Aussetzstellen an der Mosel: Eine Übersichtskarte der über 50 Ein- und Ausstiegstellen findet sich im Faltblatt ***„Wasserwanderroute Mosel",*** siehe auch Seite 20, www.visitmosel.de

Länge & Dauer der gesamten Tour

191 km. mind. 9 Tage, besser bis zu 14 Tagen einrechnen, wegen zahlreicher lohnender Besichtigungen und Ausflüge.

Einkaufen & Verpflegung

In fast jedem Ort an der Mosel gibt es Einkaufs- & Einkehrmöglichkeiten.

Zurück zum Pkw

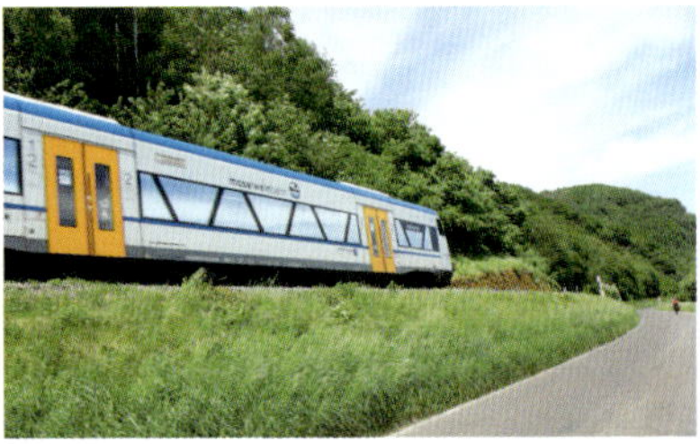

Zweimal stündlich mit dem **Zug** von Koblenz nach Trier *(1,5-2 Std. Fahrzeit)*. Wunderschöne Strecke, die den Flussverlauf (bis Bullay in Sichtweite zur Mosel) noch einmal aus anderer Perspektive genießen lässt. Vom Campingplatz an der Aussetzstelle am besten zum Bahnhof Koblenz-Lützel laufen und in fünfminütiger Fahrt mit der Mittelrheinbahn zum Hauptbahnhof (dort umsteigen). In Trier knapp 25 Minuten Fußmarsch vom Bahnhof bis zur Einsetzstelle.

Alternativ mit einem der **Passagierschiffe,** die flussaufwärts Richtung Trier fahren (nach Mitnahme der Kanus fragen).

Wer mehr Zeit mitbringt und sein Kanu am Ausstieg für ein paar Tage sicher verstauen kann, mietet sich ein **Fahrrad** oder **E-bike** und fährt auf dem **Moselradweg** zurück zur Einsetzstelle *(gesamte Strecke Koblenz – Trier ca. 200 km).*

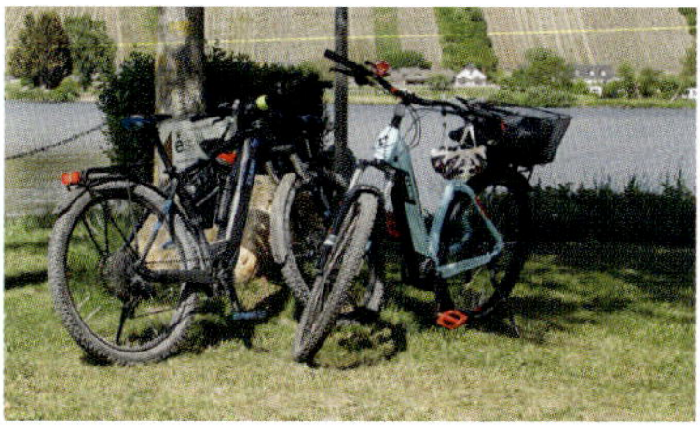

Tipps für Kanu-Tagestouren

- **Pünderich – Bullay, 12,5 km:** Durch die Moselschleife „Zeller Hamm" um die Marienburg. Zurück mit dem Bus oder gut 2,5 km zu Fuss über die Marienburg oder die Drieschhütte jeweils mit Auf- & Abstieg).
- **Ediger-Eller – Ernst, 17 km,** zurück in 23 Min. mit RMV-Bus Linie 711.
- **Kobern – Güls, 12 km,** zurück in 10 Min. mit der Bahn (RB 81).
- **Cochem – Moselkern, 17,5 km,** zurück in 16 Min. mit der Bahn (RB 81).
- **Pommern – Hatzenport, 13 km,** zurück in 13 Min. mit der RB 81.

Etappenvorschlag für die gesamte Moseltour

1. Tag	**Trier – Mehring**	21 km
2. Tag	**Mehring – Piesport** *(kein Camping)*	23 km
3. Tag	**Piesport – Bernkastel-Kues**	17,5 km
4. Tag	**Bernkastel-Kues – Traben-Trarbach**	23,5 km
5. Tag	**Traben-Trarbach – Zell**	19,5 km
6. Tag	**Zell – Senheim**	18 km
7. Tag	**Senheim – Cochem**	18,5 km
8. Tag	**Cochem – Löf** *(Camping in Hatzenport)*	24,5 km
9. Tag	**Löf – Koblenz**	25,5 km

Die Etappenvorschläge sind natürlich beliebig variierbar. Aufgrund des umfangreichen Angebots an Übernachtungsmöglichkeiten kann man nach Vorlieben planen – z.B. vormittags paddeln und nachmittags etwas unternehmen, d.h. die Tagesetappen sind nie länger als 15 km.

Wir haben die Etappen da enden lassen, wo Ausflüge oder Besichtigungen lohnen. Weitere lohnende Orte, an denen sich eine Tagestour beenden lässt, sind: **Pünderich, Beilstein, Moselkern** oder **Winningen.**

Übernachten

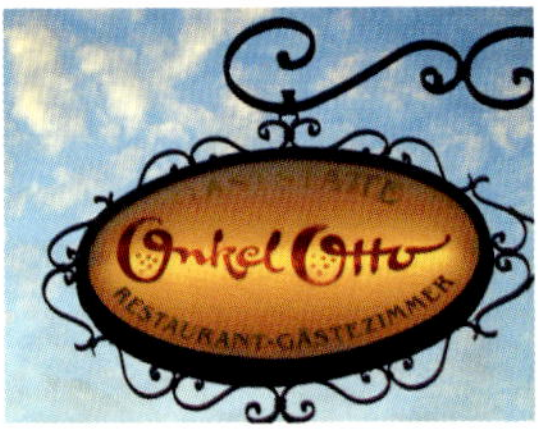

Es gibt in fast jedem Ort an der Mosel zahlreiche Möglichkeiten zum Übernachten (Weingüter, Hotels, Pensionen, Camping). Eine Übernachtung im Bett sollte immer vorab reserviert werden. Die Mosel ist zu jeder Jahreszeit auch bei Radfahrern und Wanderern beliebt, daher findet man spontan nur schwer ein freies Bett – mit Zelt auf Campingplätzen bekommt meist immer noch ein Plätzchen. Bei den Wassersportvereinen besser 2 Tage im Voraus anfragen.

Adressen

Adressen zu ***Übernachtung, Kanuvermietern*** usw. finden Sie alphabetisch nach Ortsnamen aufgelistet im Adressteil ab Seite 100.

Literatur- / Kartenhinweise

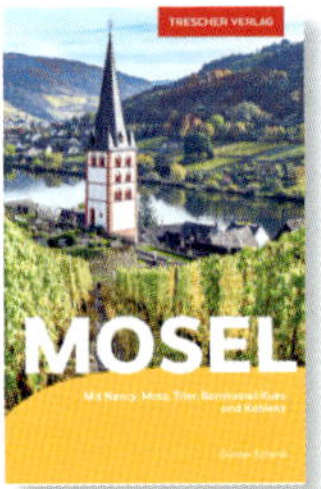

Reiseführer ***„Mosel"*** mit Nancy, Metz, Trier, Bernkastel-Kues und Koblenz, *Trescher Verlag.*

Reiseführer ***„Moseltal"*** – vom Dreiländereck bis Koblenz, *Reise Know-How Verlag.*

Reiseführer ***„111 Orte an der Mosel, die man gesehen haben muss"***, *emons Verlag.*

Mosel: Das Magazin für Entdecker und ***Mosel: Das Magazin für Auskenner,*** *beide Gaasterland Verlag.*

„Glücksorte an der Mosel: Fahr hin und werd glücklich" und ***„Mosel. Wandern für die Seele: Wohlfühlwege"***, beide *Droste Verlag.*

bikeline ***„Mosel-Radweg von Metz an den Rhein"***, *Ersterbauer Verlag.*

Wanderführer / Pilgerführer ***„Mosel-Camino"***, von Koblenz nach Trier, *Conrad Stein Verlag.*

„Mit Carl Bodmer von Trier nach Koblenz – Eine Moselreise um das Jahr 1830", Otto von Czarnowski, *Rhein-Mosel-Verlag.*

Krimis: ***„Culpa Mosel"***, *Weyand-Verlag* | ***„Ein dreifaches Hoch auf den Mörder"*** und ***„Ein Prosit auf den Mörder"***, *Lübbe Verlag* | ***„Der Tote vom Hauptmarkt"***, *KBV Verlag* | ***„Tod im Moseltal"*** und ***„Moselwunder"***, *emons Verlag.*

Zum Wandern eignen sich die ***topografischen Karten*** vom Landesamt f. Vermessung & Geobasisinformation Rheinland-Pfalz, Maßstab 1:25.000.

Etappe 1 – Von Trier nach Traben-Trarbach

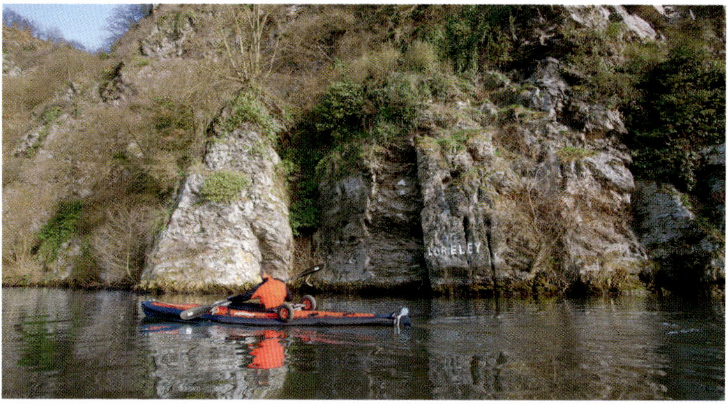

Kleines Pendant zur Berühmtheit am Rhein: die Mosel-Loreley

Einsetzstelle km 191,1
Rudergesellschaft Trier 1883 e.V.,
An der Jugendherberge 3
54292 **Trier**

Aussetzstelle km 105,9
Ruderclub Traben-Trarbach
Enkircher Str. 41
56841 **Traben-Trarbach**

Länge & Dauer der Etappe
ca. 85 km, mind. 4 Tage

Hindernisse
1 Schleuse mit Bootsschleppe
Schleuse Detzem
2 Schleusen mit Bootsgasse
Schleuse Wintrich
Schleuse Zeltingen

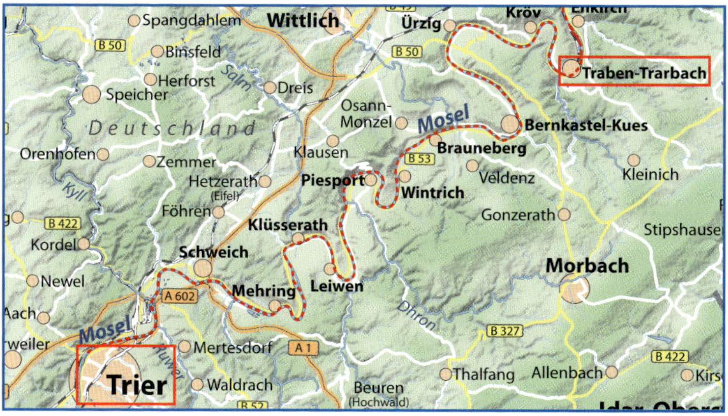

Blick auf Trier

Auf dem Petrisberg wurde bereits 30 v. Chr. ein römisches Militärlager errichtet, bevor die Römer 16 v. Chr. in der Nähe einer ehemaligen keltischen Kultstätte die Stadt Augusta Treverorum gründeten. Sie wuchs zur größten römischen Stadt nördlich der Alpen heran. Eine Vorläuferin der Römerbrücke (Mosel-km 193) gab es ebenfalls bereits 16 v. Chr.. Die heutige Brücke (älteste Brücke Deutschlands und UNESCO-Welterbe) besteht aus Bögen aus dem 18. Jh. und Pfeilern aus dem 2. Jh. *„Ante Romam Treveris stetit annis mille trecentis" (Trier stand 1.300 Jahre vor Rom)* ist ganz bescheiden an einem Haus am Trierer Marktplatz zu lesen.

Seit in Trier im Jahre 314 Deutschlands erster Bischof eingesetzt wurde, ist die Stadt Hochburg des Katholizismus. Die Sehenswürdigkeiten der Stadt zeugen natürlich an vielen Stellen von den römischen Bewohnern. Heute leben in der „ältesten Stadt Deutschlands" rund 110.000 Menschen, ein knappes Fünftel davon sind Studenten.

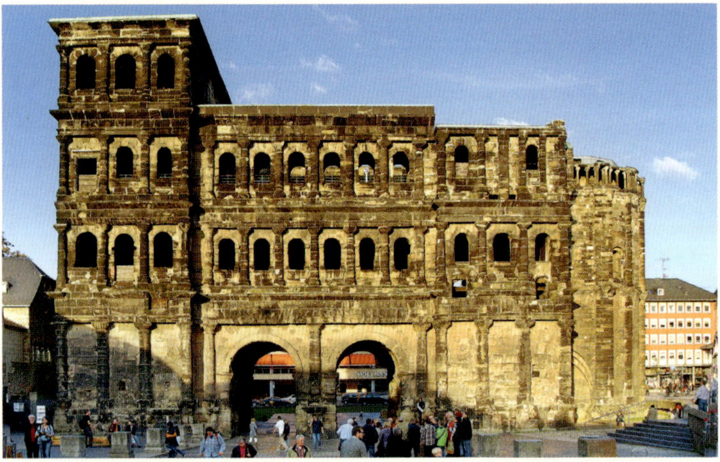

Die Porta Nigra gehört zum UNESCO-Welterbe Römische Baudenkmäler

① ***Porta Nigra*** römisches Stadttor aus dem 2. Jh. n. Chr., weltweit besterhaltenes Stadttor der Antike.

② ***Simeonstift*** mit Deutschlands ältestem „zweistöckigen" Kreuzgang.

③ ***Dreikönigenhaus*** spätromanischer Wohnturm aus dem 13. Jh..

④ ***Judenviertel*** etwa 300 Mitglieder der jüdischen Gemeinde lebten in dem rund 7.000 qm großen Areal.

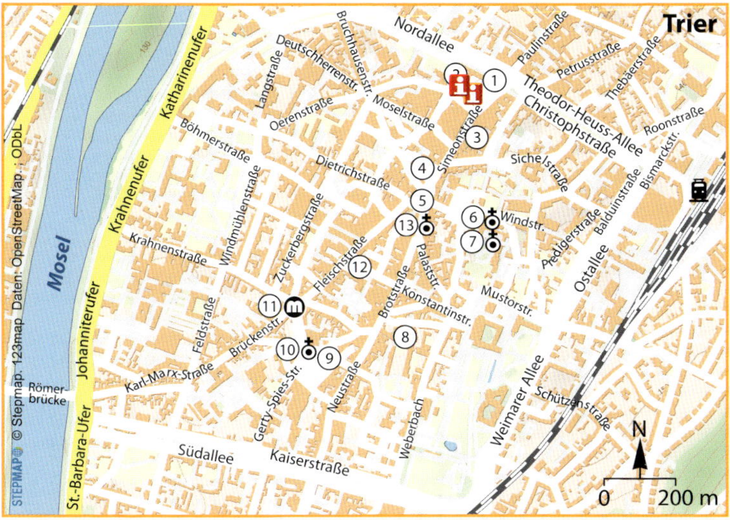

⑤ ***Hauptmarkt,*** ältestes Marktkreuz Deutschlands von 958, gut erhaltene Marktumbauung. Mär-Nov Weinstand der Winzer:innen der Region.

⑥ ***Dom St. Peter,*** älteste Bischofskirche Deutschlands mit Reliquie „Der heilige Rock" – die Tunika Jesu Christi.

⑦ ***Liebfrauenkirche,*** älteste gotische Kirche in Deutschland.

⑧ ***Priesterseminar,*** wurde 1773 vom letzten Kurfürsten und Erzbischof Clemens Wenzeslaus errichtet.

⑨ ***Thermen,*** die Viehmarktthermen waren die ersten Thermen römischen Ursprungs in Trier.

⑩ ***Kirche St. Antonius,*** 1368 dem heiligen Einsiedler Antonius geweiht.

⑪ ***Museum Karl-Marx-Haus*** Geburtshaus des Ökonomen und Revolutionärs – heute Museum, *Brückenstr. 10, tgl. 10-18, Eintritt 5 €/3,50 €.*

⑫ ***Kornmarkt*** mit dem Sankt Georgsbrunnen, einem der schönsten Rokokobrunnen Deutschlands.

⑬ ***St. Gangolf*** Markt- & Stadtpfarrkirche, nach dem Dom der älteste Kirchenbau Triers.

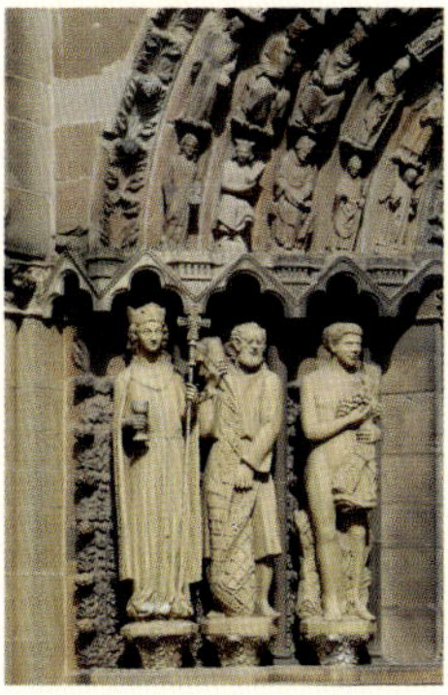

Tourist-Info, An der Porta Nigra, Tel. (0651) 97 80 80, www.trier-info.de

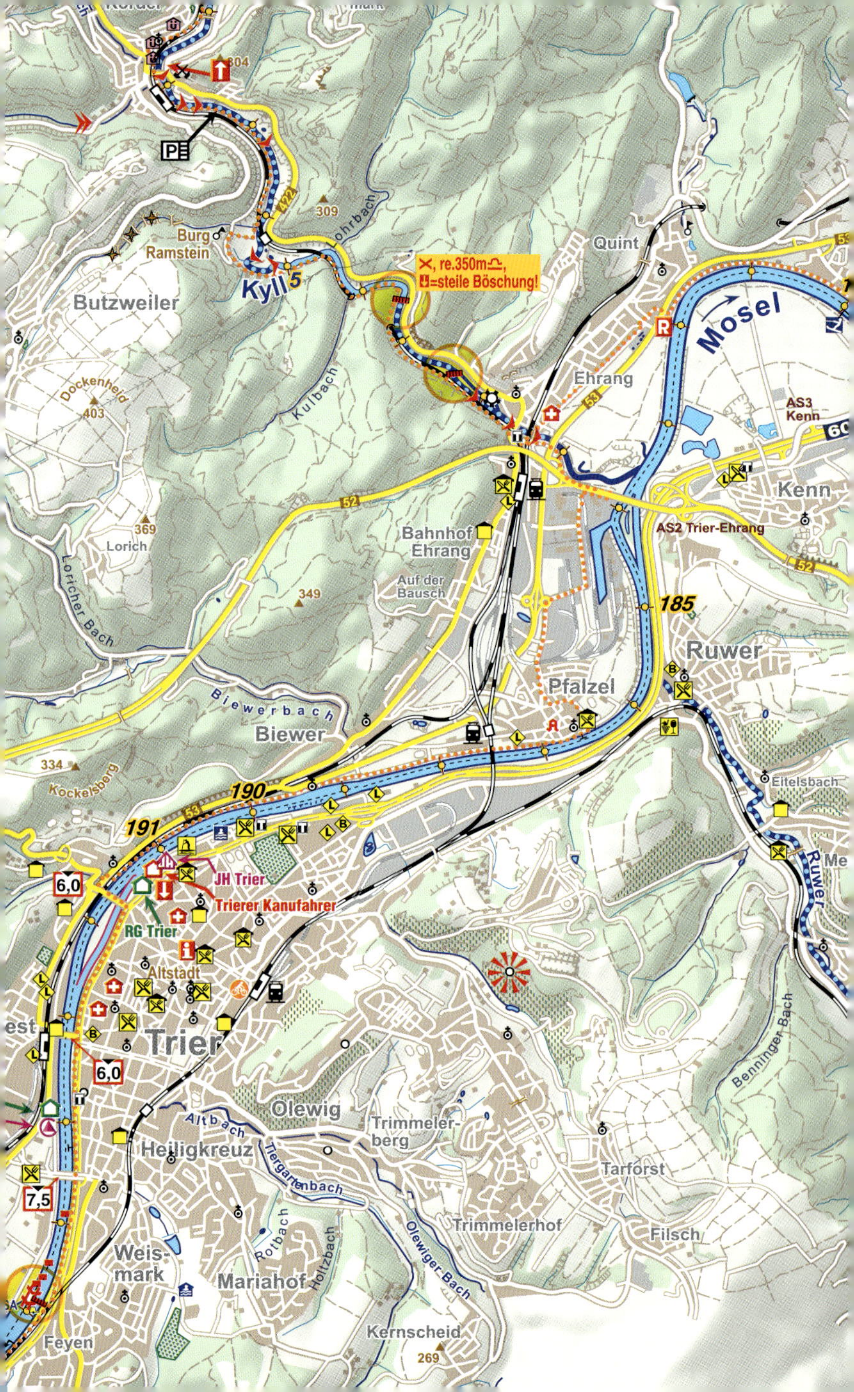
304
309
Burg
Ramstein
Kyll 5
Lohrbach
Butzweiler
Dockenheid
403
Kulbach
X, re.350m, ⚠=steile Böschung!
Quint
Mosel
Ehrang
53
AS3
Kenn
60
52
Kenn
AS2 Trier-Ehrang
Bahnhof
Ehrang
369
Lorich
Loricher Bach
Auf der
Bausch
349
185
Ruwer
Pfalzel
Biewerbach
Biewer
334
Kockelsberg
190
191
Eitelsbach
Ruwer
6,0
JH Trier
Trierer Kanufahrer
RG Trier
Altstadt
Trier
6,0
Benninger Bach
Olewig
Altbach
Trimmeler-
berg
Heiligkreuz
Tiergartenbach
Tarforst
7,5
Trimmelerhof
Filsch
Rotbach
Olewiger Bach
Weis-
mark
Mariahof
Holtzbach
Feyen
Kernscheid
269

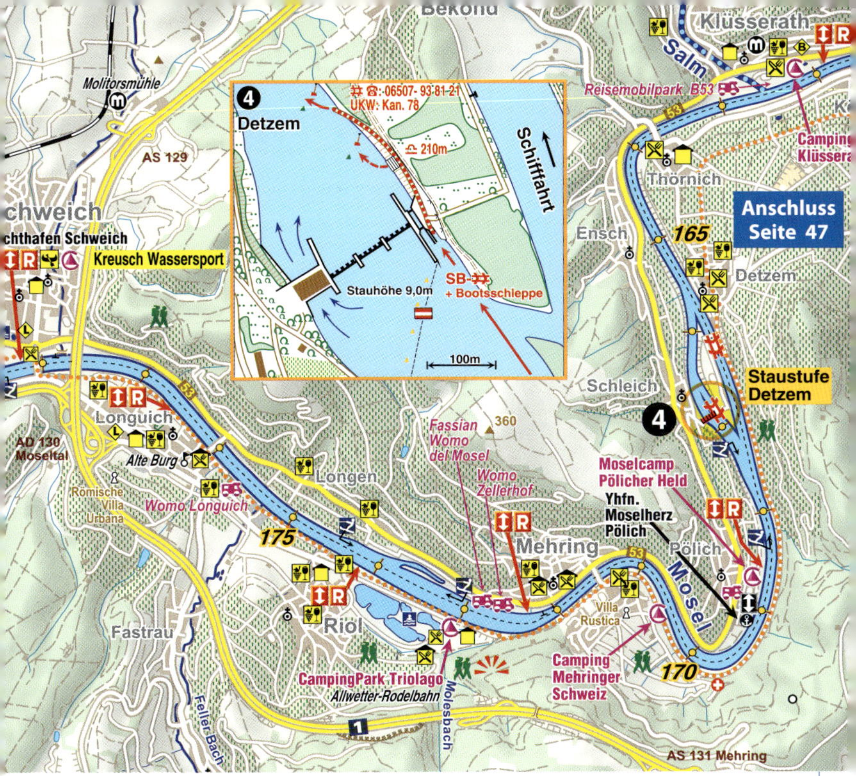

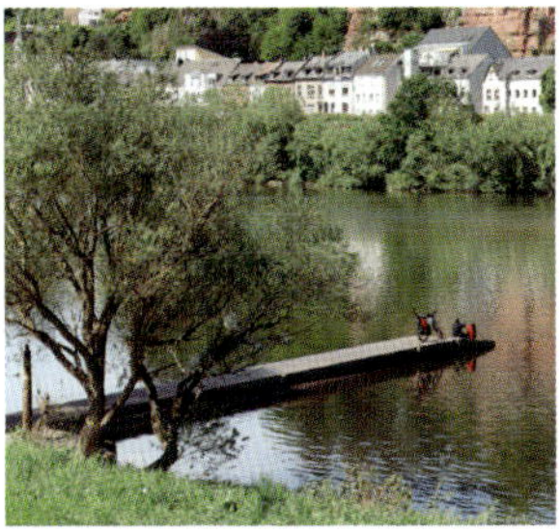

Einsetzstelle in Trier

Der Startpunkt in **Trier** könnte für Moselpaddler kaum besser sein. Direkt am Wasser, bietet die moderne *Jugendherberge* nette Zimmer, daneben liegt die DKV-Station *(DKV = Deutscher Kanu Verband)* der *Trierer Kanufahrer.* Auf deren Gelände kann das Zelt aufgeschlagen oder, zum gleichen Preis, die Isomatte im Clubhaus ausgerollt werden. Toiletten, Duschen und eine Küche sind vorhanden, das *Freibad Nord* *(Wiedereröffnung 2023)* liegt nur wenige Hundert Meter entfernt. Die komfortabelste Einsetzstelle bietet die *Rudergesellschaft*

Start
km 191,1

Römerstadt Jugendherberge
(0651) 14 66 20

Trierer Kanufahrer
0170-345 92 93

Rudergesellschaft Trier
(0651) 216 64
gaeste@rg-trier.de

Trier mit ihrem Schwimmsteg. Auch bei den Ruderern kann übrigens im „Tennishäuschen" genächtigt werden.

Wir verlassen das sehenswerte Trier und passieren hinter der Eisenbahnbrücke der Strecke Koblenz-Trier den Vorort **Pfalzel**, der besondere Aufmerksamkeit wegen seiner Stiftskirche und dem angeblich ältesten bewohnten Steinhaus Deutschlands verdient.

km 185,7

Hinter der nächsten Flussbiegung mündet auf Höhe von **Ruwer** das gleichnamige Flüsschen vom Hunsrück kommend von rechts in die Mosel, 2 Kilometer weiter von links die *Kyll*, der längste Fluss der Eifel.

km 178,2

Kreusch Wassersport & Campingplatz Zum Fährturm
(06502) 913 00

Vorbei an **Quint**, mit Barockschloss in einem Englischen Garten *(nur von außen zu besichtigen)*, kommt man nach **Schweich**. Der am linken Ufer gelegene Ort hat eine der zahlreichen *Ein- und Ausstiegsstellen* der „Wasserwanderroute Mosel". Diese wurden aufgrund der großteils besonders wertvollen Naturbereiche entlang der Ufer eingerichtet. Vor der Straßenbrücke liegt links das *Wassersportzentrum Kreusch* mit *Campingplatz* und Bootsvermietung. *Der sehenswerte dreigeschossige Fährturm von Schweich wurde Ende des 18. Jh. von Kurfürst Clemens Wenzeslaus erbaut. Ein Seil verband den Schweicher Turm mit dem Fährturm am gegenüberliegenden Ufer.* Das im Fährturm untergebrachte Restaurant gehört zum Campingplatz. An heißen Tagen freut sich der Paddler über das tolle, an den Platz angrenzende *Erlebnisfreibad.*

km 176,5

Hinter der Autobahnbrücke ragen am linken Ufer Weinberge in die Höhe. Der Wein wird uns an der gesamten Mosel begleiten, ebenso die Römer, die hier allerorten ihre Spuren hinterließen. In **Longuich** *wurde der Badetrakt einer römischen Villa (Ende 2. Jh.) teilweise ausgegraben und rekonstruiert. Er ist südlich des Ortes in den Weinbergen zu besichtigen.*

km 174,2

Das Örtchen **Riol** *machte sich schon in der Antike einen Namen durch die von Tacitus geschilderte Schlacht in den umliegenden Höhenzügen, bei der die Römer die Treverer am Rioler Römerberg besiegten. Teile einer römischen Villa sind in der Treppenanlage, die zur Pfarrkirche St. Martin hinaufführt, zu sehen.*

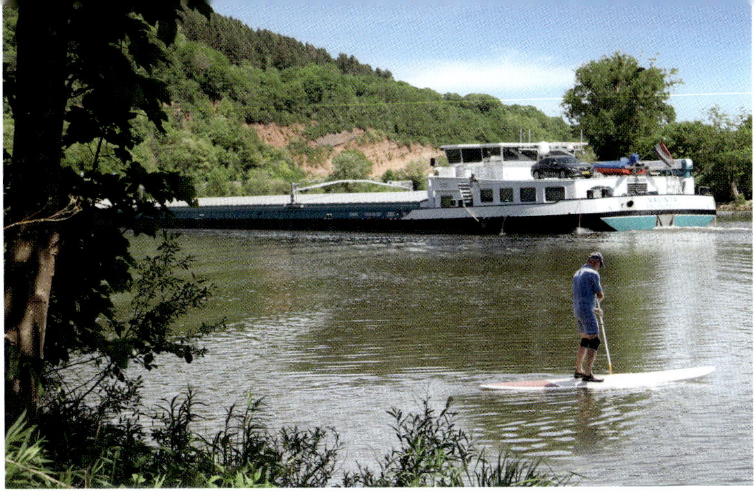

Zwischen Quint und Schweich begegnet uns ein Frachtschiff

Der **5 km** lange Rundweg ***„Weinerlebnispfad am Römerberg"*** *(gut ausgebaute Wege)* informiert auf 15 Tafeln über die Geschichte des Ortes **Riol**, den Weinbau und die WeinKulturLandschaft Mosel.

Ein ***Klettersteig*** *(nur für trittsichere Wanderer)* von ca. ***1,4 Kilometer*** Länge führt zum Aussichtspunkt ***„Kumer Knüppchen"*** im ***Kammerwald.*** Auf 322 Meter Höhe hat man einen herrlichen Panoramablick auf die Weinberge und Höhenzüge. An den trocken-warmen Felshängen finden sich Pflanzen wie Pechnelke, Mehlbeere und Felsen-Fetthenne. Der Fußpfad führt teils durch steiles und felsiges Gelände, manch schwierige Passage ist mit Seilsicherungen versehen. Am nahen Molesbach trifft man, mit etwas Glück, auf den Feuersalamander.

Diese beiden schönen Wanderungen unternimmt am besten, wer auf dem *CampingPark Triolago* in **Riol** Quartier bezogen hat. Wenn man mindestens zwei Nächte bleibt und gerne im Bett schlafen möchte, kann ein Schlaffass, ein Holziglu mit Terrasse (Iglu Camp), einen Bauwagen oder ein Mini-Chalet gemietet werden.

Der ausgebaggerte rund 13 Hektar große *Bade- und Freizeitsee Triolago* bietet eine willkommene Erfrischung *(Eintritt für Tagesgäste).*

Hinter dem Campingplatz befindet sich am Waldrand das zugehörige *Hotel-Restaurant* und eine 1.170 Meter lange *Allwetter-Rodelbahn.*

km 173

CampingPark Triolago *(14-18)*
(06502) 71 19

Hotel-Restaurant Hotel M13
(06502) 935 34 54

km 172,3 Wer **Mehring** nur einen kurzen Besuch abstatten möchte, tut das am besten hier am linken Ufer. *Der Name des sich beiderseits der Mosel erstreckenden Ortes wurde vom römischen „Hof des Marinus" abgeleitet. An den flachen Hängen links der Mosel konzentrierten sich die Mehringer schon im Mittelalter auf den Weinbau. Die flachen Ufer der rechten Flussseite wurden für Land- und Viehwirtschaft genutzt und deshalb „Kühstantinopel" genannt. Vom heute noch existierenden Fährturm setzte die Fähre über – bis 2001 die neue Brücke fertiggestellt wurde.*

km 170,5 Wir paddeln noch um die nächste Kurve und bauen unser Zelt auf dem *Campingplatz Mehringer Schweiz* auf.

Campingplatz Mehringer Schweiz
(06507) 42 05

Nur wenige Schritte sind es bis zur Rekonstruktion einer römischen Villa, der Villa Rustica, die an der Römerstraße stand und heute mitten im Ort des südufrigen Ortsteils von **Mehring** *liegt.*

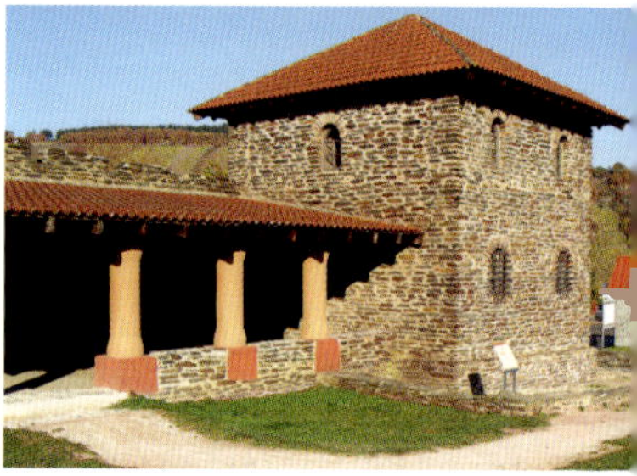

Die Villa Rustica, ein römischer Gutshof aus dem 2. Jh. n. Chr.

An der römischen Villa kann man in die ***ExtraTour Mehringer Schweiz*** einsteigen, eine **13 km** lange abwechslungsreiche ***Wanderung*** durch Wald und Weinbauflächen, zu deren Höhepunkten der ***Aussichtsturm Fünf-Seen-Blick*** ebenso gehört wie die beiden Klettersteige Mehring/Riol und der Steinbruch Pölicher Held.

Wir verlassen Mehring durch einen weiten Talkessel, der dank seiner natürlichen Komposition aus Wasser und steil aufragenden Wäldern am rechten Ufer die Bezeichnung *Mehringer Schweiz* erhielt.

km 168,7 Gegenüber empfängt uns **Pölich** mit dem Campingplatz *Moselcamp Pölicher Held.* Hier machen Saunen, Whirlpool und Dampfbad Paddlermuskeln wieder geschmeidig.

Moselcamp Pölicher Held
(06507) 70 33 47

1987 wurde im Ort die Wasserleitung eines zerstörten römischen Badetrakts freigelegt. Zu Fuß kann die 30 Meter lange, Qanat genannte, Tunnel-Wasserleitung, die verborgen unter den Reben oberhalb des Ortes liegt, teilweise durchschritten werden. Sie führt zu einer Badeanlage, von der Reste von Mosaiken und Marmor zeugen.

An der alten Straße nach Schleich, nordöstlich von Pölich, steht das einzige noch bekannte Sandstein-Wegekreuz (1555) mit eingelegtem Kruzifix.

Wir paddeln in nördliche Richtung weiter, beidseits flankiert von Weinbergen. Voraus teilt eine Insel die Mosel. Sie entstand durch den Bau der Schleuse zwischen den Orten **Schleich** und **Detzem** und ist eine der größten Moselinseln.

Wir halten uns links und erreichen so die Sportbootschleuse Detzem. Die Boote können auch an einer Betonrampe rechts der Schleuse mit Hilfe einer Bootsschleppe etwa 50 Meter zum neun Meter tiefer gelegenen Unterwasser umtragen werden.

km 166,8

Detzem
(06507) 93 81 21
SB-Schleuse
+Bootsschleppe
s. Detailskizze 4
Seite 41

In **Schleich** ist neben dem alten Gerichtsgebäude und der Zehntscheuer auch die Kirche aus dem 14. Jh. mit dem Sakramentshäuschen sehenswert.

km 165,7

Unterhalb der Insel liegt am rechten Ufer der 550-Einwohner-Ort **Detzem**. *Der Ortsname wurde aus „Ad Decimum Lapidem" (Beim zehnten Meilenstein an der Römerstraße Trier-Bingen) abgeleitet. Seit 1976 erinnert eine Säule an den römischen Stein, dessen Original nie gefunden wurde. Mittelpunkt des Ortes ist die 1735/36 in Ufernähe neu erbaute katholische Pfarrkirche St. Agritius mit spätbarockem Chor aus dem 15. Jh.*

Vom über einen ***Wanderweg*** zu erreichenden 23 Meter hohen ***Aussichtsturm*** im ***Detzemer Wald*** eröffnet sich das Moselpanorama ***„Fünf-Seen-Blick":*** fünf Teile des Moselbogens sind – von Wald unterbrochen – zu sehen.

km 165

Auch im linksufrigen **Ensch** starten lohnenswerte Wanderwege. Während des *Weinhöfefestes* am zweiten Septemberwochenende bieten die Winzer in ihren Häusern und Höfen Weine und winzertypische Speisen an.

Der Wein des Ortes **Ensch** *begeisterte den Trierer Erzbischof Boemund 1366 derart, dass er gegen eine Lieferung* *von 10 Fudern Enscher Wein auf andere Rechte verzichtete.*

Der Rebensaft des gegenüberliegenden **Thörnich** *hatte ebenfalls einen hochrangigen Liebhaber. Bundeskanzler Konrad Adenauer nahm 1955 zu Verhandlungen über die Freilassung deutscher Kriegsgefangener 20 Flaschen Thörnicher Ritsch mit nach Moskau.*

Bei **Thörnich** knickt der Fluss fast rechtwinklig in östliche Richtung ab.

km 162,2

Campingplatz Klüsserath
(06507) 46 67

Haus der Krippen
(06507) 93 92 04

Nach anderthalb Kilometern mündet bei **Klüsserath** die südlich des Eifelstädtchens Gerolstein entsprungene *Salm* in die Mosel. Der 63 Kilometer lange linke Nebenfluss hat seinen Namen vermutlich vom Lachs, der bis 1930 reichlich darin vorkam.

Die ehemalige Wasserburg Klüsserath wurde 1270 erstmals urkundlich erwähnt. Die Burganlage zeigt einen dreigeschossigen spätgotischen Rechteckbau aus unverputzten Bruchsteinen. Der mächtige Gewölbekeller aus dem 7. Jh. kann besichtigt werden und wird für Weinproben genutzt. Neben der Pfarrkirche mit dem Grab des Kreuzfahrers Burgherr Richard von Hagen (1449) hat der Weinort noch eine ehemalige Gerichtslinde. In ihrem Stamm sind Reste einer fast vollständig eingewachsenen Kette mit alten Eisenringen für die Häftlinge zu sehen.

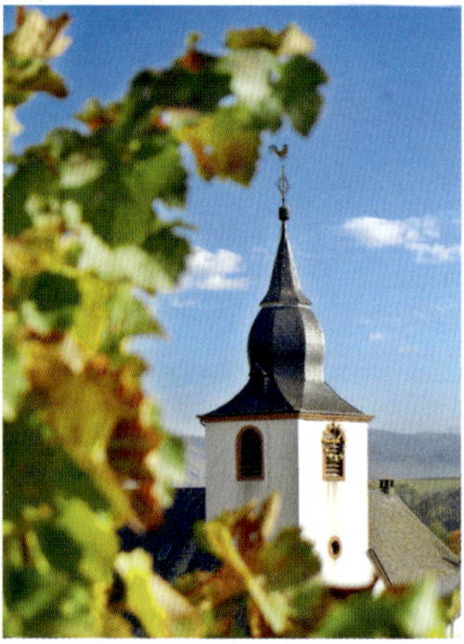

Der barocke Kirchturm von Klüsserath

Im Museum ***„Haus der Krippen – Domus Praesepiorum"*** *(Sa+So 14-18)* werden auf ca. 300 qm ganzjährig 90 verschiedene Krippen gezeigt.

Die weite Flussschleife windet sich hinter Klüsserath wieder gen Süden. Das reizvolle

km 161

Winzerdorf **Köwerich** am rechten Ufer, erlangte durch die Mutter von Ludwig van Beethoven einige Bekanntheit. Trug Maria Magdalena Keverich doch den Namen des Weinortes, aus dem einer ihrer Vorfahren stammte.

km 158,1

Ebenfalls am rechten Ufer liegt **Leiwen**. *Seinen Namen soll der staatlich anerkannte Erholungsort von Livia, der Gemahlin von Kaiser Augustus, erhalten haben, die hier*

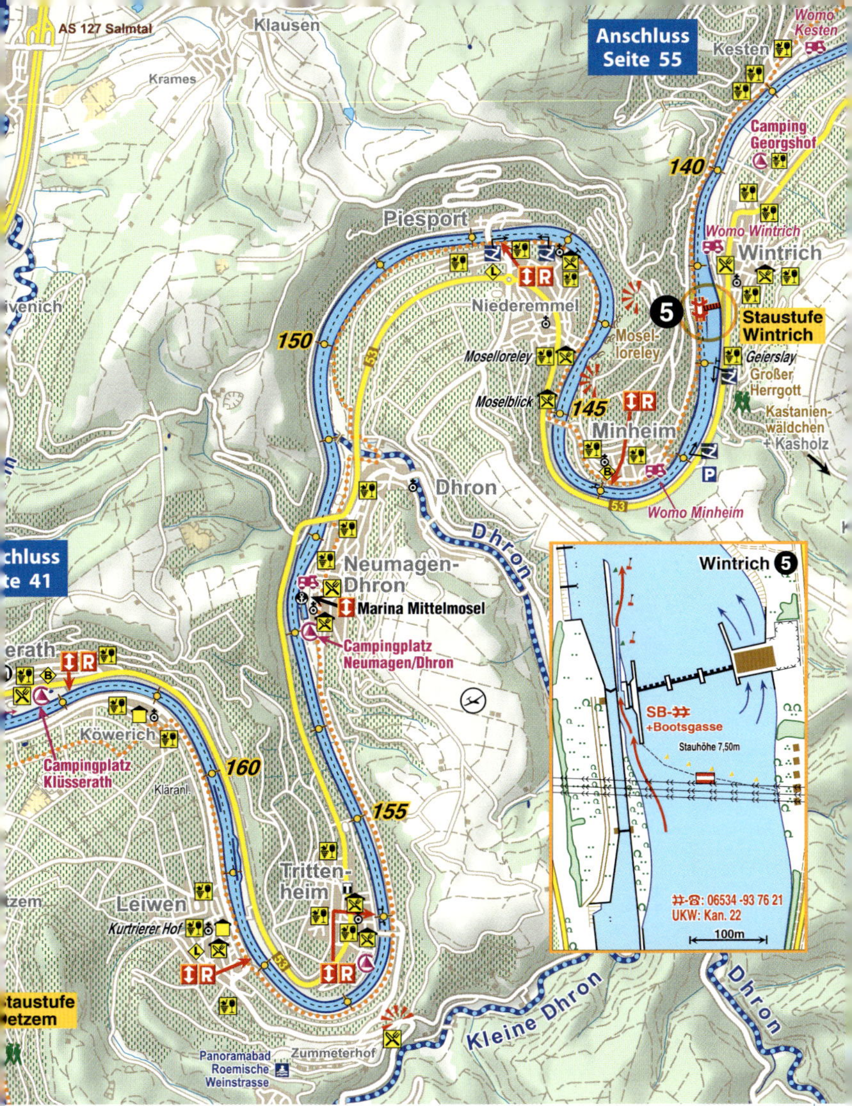

eine Sommerresidenz hatte. Der Ort lohnt nicht nur zum großen Weinfest am 3. Augustwochenende oder dem Weinlesestraßenfest am 1. Wochenende im September einen Besuch. Einkehren und übernachten kann man im *Kurtrierer Hof*, mit Strausswirtschaft im lauschigen Hof.

Wein- und Gästehaus Kurtrierer Hof
(06507) 30 25

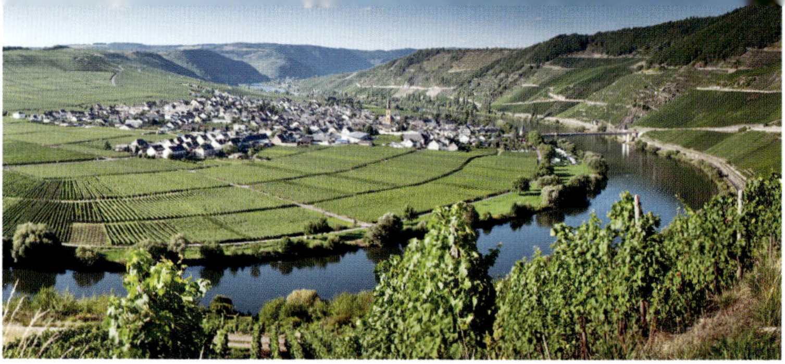

Trittenheim liegt landschaftlich reizvoll in eine Moselschleife eingebettet

Das Fachwerkhaus Leiwen (ein Zehnthof von 1484), der Kurtrierer Hof von 1610 oder der Weinbrunnen von 1845 zeugen von einer bewegten Geschichte. Eine mahnende Erinnerung an die ehemalige jüdische Gemeinde in Leiwen ist der jüdische Friedhof. Die Nationalsozialisten löschten die seit 1592 bestehende Gemeinde 1938 aus.

km 156

Campingplatz Trittenheim
(06507) 21 48

Hotel Krone Riesling
(06507) 926 30

Hinter der langgezogenen Kurve erreichen wir **Trittenheim** an der Moselschleife. Sauberer *Camping*, freundliches Personal. *Der Ort, einst fränkische Siedlung, wurde 893 erstmals im Prümer Urbar, dem Güterverzeichnis des Benediktinerklosters Prüm, urkundlich erwähnt.*

Das vom Anfang des 19. Jh. stammende denkmalgeschützte Trittenheimer Fährturm-Pärchen, ist das einzige erhaltene Fährturm-Paar an der deutschen Mosel. In den an beiden Ufern stehenden quadratischen Türmen mit den spitzen Schieferdächern, wohnte der Fährmann. Ferner war hier das Seil der Pontenfähre verankert. Mit dem Bau der Moselbrücke, wurde der Fährbetrieb 1909 eingestellt.

Vom *Denkmal des Abtes Johannes Trithemius* (1462-1516) auf dem alten Brückenkopf, lässt es sich entlang der sieben *Pestkreuze* (1643-1683) zur sehenswerten *St. Clemenskirche* (1790) *wandern*. Weinliebhabern sei der *Weinlehrpfad* empfohlen.

km 152,8

Der „älteste Weinort Deutschlands“, **Neumagen-Dhron**, liegt nun in 3 Kilometern Entfernung rechts voraus. Vorher passieren wir am rechten Ufer die *Märtyrer Kapelle (1506 / 1764)* am Fuße der Weinberge. *Sie erinnert an die Christen, die am 6. Oktober 286 in Trier unter Rictiovarus getötet wurden. Ihr Blut soll die Mosel bis hierher rot gefärbt haben.*

Die Römer errichteten im frühen vierten Jahrhundert auf einer Fläche von 112 mal 131 Metern ein Kastell mit 13 Rundtürmen. Die Grundmauern sind heute rund um die Kirche Neumagens zur Dokumentation im Boden nachgebildet. Der Römerweinschiff-Nachbau „Stella Noviomagi" kann im kleinen Hafen – der extra für das Schiff mit dem Drachenkopf angelegt wurde – besichtigt werden. Eine Kopie des Weinschiffes, dessen Fund Neumagen-Dhron dazu bringt, neben einer Reihe anderer Orte den Titel „Ältester Weinort" für sich zu beanspruchen, ist in der Ortsmitte zu besichtigen.

Wir paddeln in den *Yachthafen Marina Mittelmosel*, landen an der Sliprampe aus Natursteinen an und genießen vor der Ortsbesichtigung Kaffee und Kuchen auf der nur wenige Meter entfernten Sonnenterrasse des *Hafenrestaurants Käpt'n Cook*. Dort erfahren wir vom „Weinförderpreis" des Ortes. Er wird an Persönlichkeiten verliehen, die sich um den Wein verdient gemacht haben. Dem Preisträger wird für die Dauer eines Jahres ein Weinberg samt des dort geernteten Weines überschrieben.

Camping Neumagen-Dhron
(06507) 52 49

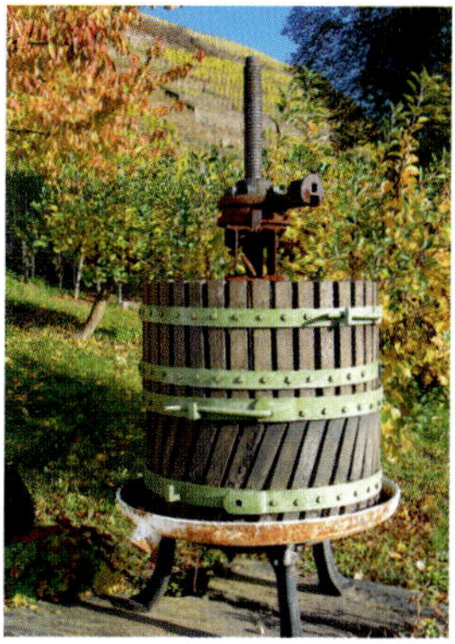

Spindelkelter zum Auspressen der Trauben

Am nördlichen Ende von **Neumagen-Dhron** mündet von rechts die *Drohn*, ein kleiner Wildfluss, der ca. 40 Kilometer vom Hunsrück bis zur Mosel zurücklegt. Am linken Ufer sehen wir Drachenflieger, die elegant ihre Kreise in der Thermik der Moselhänge drehen. Bis an die belgische oder französische Küste wurde von hier aus schon geflogen und vermutlich auch jedes Mal aufs Neue der einmalige Blick über Piesport und seine Weinlagen genossen.

„Dort wo Felsen und sonniger Grat in gewundenem Bogen weinstockbesetzt sich erhebt, ein natürlich entstand´nes Theater". Für die **Piesport**er ist klar, dass Asonius 371 in seiner Reisebeschreibung „Mosella" ihre größte Weinbaugemeinde an der Mosel meinte.

km 147,7

Stolz auf seine funktionstüchtige Groß-Kelteranlage (2. Jh.) – einer von fünf „Höhepunkten der Weinkultur" des Deutschen Weininstituts im Anbaugebiet Mosel –

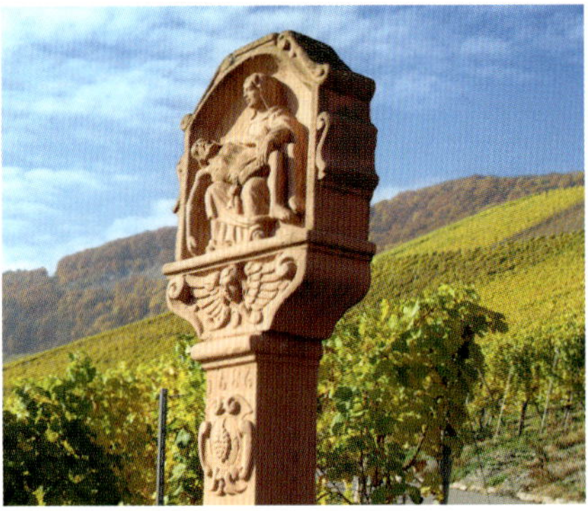

Ein Bildstock in den Weinbergen von Piesport, der größten Weinbaugemeinde der Mosel

feiert **Piesport** jährlich sein „Römisches Kelterfest". Am 2. Oktoberwochenende steigen Bewohner in römischen Gewändern in die Kelteranlage, um frisch geerntete Trauben zu zertreten.

An der Brücke begrenzt am linken Ufer die bildhübsche katholische Rokoko-Pfarrkirche St. Michael (1777) das Ortszentrum. Besonders sehenswert ist die Gewölbemalerei des Trierer Künstlers Johann Peter Weber.

Moselweine

Die Riesling-Rebe, in Deutschland als „Königin der Weißweine" gerühmt, macht mehr als die Hälfte aller gut 60 Millionen Stöcke aus, die an der Mosel auf oft steilstem Terrain kultiviert werden. Diese edelste der einheimischen Traubensorten verleiht dem Moselwein in erster Linie seinen besonderen Geschmack. Die Riesling-Traube ist relativ klein und liebt viel Sonne. Die scheint an der Mosel reichlich und der steile Winkel der Sonneneinstrahlung erwärmt die Erdoberfläche, die dank des Schieferbodens die Wärme besonders gut speichert. Beste Entwicklungsvoraussetzungen für die Reben: sie blühen früher als in anderen Anbaugebieten. Die daraus resultierende längere Reifezeit verbessert die Traubenqualität für einen trockenen Weißwein.

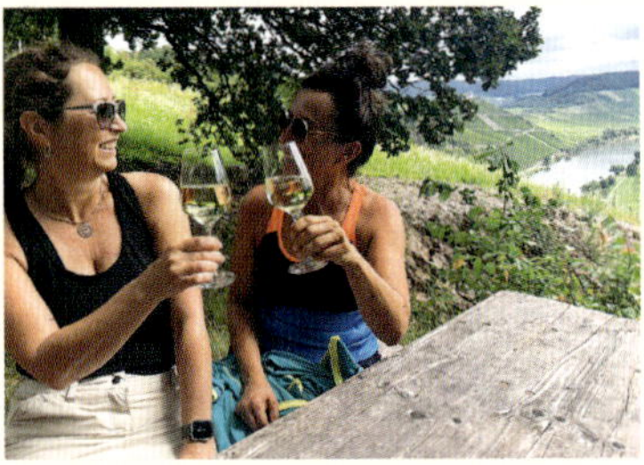

In den einzigartigen Steillagen oberhalb der Flusswindungen kultivieren die Winzer meist in Handarbeit auch Müller-Thurgau, Elbling sowie Spätburgunder und Dornfelder. Piesport, Bernkastel, Graach und Zeltingen wurden aufgrund ihrer von der Sonne verwöhnten Lage zu den berühmtesten Weinorten.

Zu den bekanntesten Weinlagen gehören Kröver Nacktarsch, Wehlener Sonnenuhr, Trittenheimer Altärchen, Bernkasteler Doktor oder Piesporter Goldtröpfchen.

▶ Für ***Weinproben*** stehen die meisten Weingüter offen. Beim Spaziergang durch die Orte einfach auf Hinweise achten.

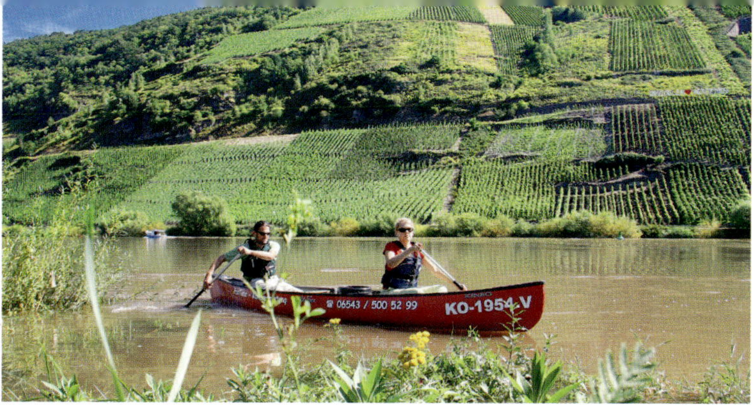

Charakteristisch für die Mittelmosel sind die tief eingeschnittenen Talmäander

km 146,9

Wir paddeln 800 Meter zur nächsten Kurve und legen rechtsufrig am Anleger im Ortsteil **Niederemmel** an. Heute leisten wir uns den Luxus eines Bettes im netten *Weingut Karthäuserhof*, wo wir als Lagerplatz für die Boote zwischen Hof und Keller wählen dürfen.

Karthäuserhof
(06507) 54 49

Nach einem Spaziergang zur Pfarrkirche St. Martin (1732), in deren Umfeld 1950 ein Diatretglas gefunden wurde, das gut zwei Liter Riesling fasste, genießen wir unseren deutlich kleineren „Dämmerschoppen" mit Blick auf den Fluss.

Gut gestärkt machen wir uns am nächsten Morgen auf zu einem Wahrzeichen der Mosel. Wir queren ans linke Ufer und passieren dort zunächst ein kleines Stückchen Erde zwischen den Felsen. *Gerade einmal 500 Weinstöcke stehen am Mini-Weinberg der Piesporter Erzlay, dem einzigen Weinberg Deutschlands, der nur mit dem Boot zu erreichen ist. Der Aufwand scheint sich für das Sektgut St. Laurentius zu lohnen, ist es doch „seit 1999 Hoflieferant des Bundespräsidenten der Bundesrepublik Deutschland im Schloss Bellevue in Berlin".*

km 145,8

Nur wenige hundert Meter weiter passieren wir die ***Moselloreley,*** ein steil aus der Mosel aufragendes Felsmassiv, das in älteren Karten den Namen Rotlei führte.

Von 1930 bis 1941 wurde hier Kupferglanz- und Bleiglanz-Erz abgebaut. In zwei Förderstollen im Felsmassiv wurden die Ausgangsmaterialien zur Herstellung von Zink, Kupfer, Blei und der Töpferglasur in den Hochöfen des Ruhrgebiets gewonnen. Bei Fliegerangriffen gegen Ende des Zweiten

Weingut & Gasthof Moselloreley
(06507) 24 73

Hotel Moselblick
(06507) 24 21

Weltkrieges diente der untere Stollen als Zufluchtsstätte. Heute widmen die Piesporter der romantischen Moselloreley, über der sich ein Wanderweg befindet, jeweils Anfang Juli ein Großfeuerwerk „Moselloreley in Flammen".

Am rechten Ufer findet man zwei gemütliche Übernachtungsmöglichkeiten, beide mit Terrasse.

km 143,9

Hinter der nächsten Straßenbrücke erreichen wir das südliche Ende der Moselschleife, die das am linken Ufer liegende **Minheim** wie eine Halbinsel umschließt. Der Ort weiß mit hübschen, fachwerkverkleideten Winzerhöfen und Wohnhäusern zu gefallen, die von einer reichen Blumenpracht geschmückt werden. *Das „Jesuskreuz" auf der gegenüberliegenden Moselseite errichteten mutige Minheimer Bürger in einer Nacht- und Nebelaktion als Reaktion auf die Verbannung der Kruzifixe aus den Schulräumen durch die Nationalsozialisten. Ein Kreuzweg führt den dicht bewaldeten Hang hinauf zum Kreuz, von dem man einen herrlichen Blick auf die Minheimer Moselschleife hat.*

km 141,5

Wintrich
(06534) 9376-21
SB-Schleuse
+Bootsrutsche
s. Detailskizze 5
Seite 47

Das hinter der *Staustufe* und *Schleuse Wintrich* auftauchende Örtchen **Wintrich** hat romantische Gassen und Winkel mit Fachwerkhäusern und traditionellen Weingütern. *Passionsspiele: Alle fünf Jahre (das nächste mal voraussichtlich 2024) zeigen einheimische Laiendarsteller in mehreren Vorführungen das Leben und Sterben Jesu in der katholischen Pfarrkirche St. Kornelius (1642). Die 1902 erstmals aufgeführten Passionsspiele locken Tausende Zuschauer (www.passionsspiele-wintrich.de).*

Zum gewaltigen ***Steinkreuz „Großer Herrgott"*** mit herrlichem Blick ins Moseltal wandert man durch die gleichnamige Weinbergslage. Wer noch höher aufsteigt, erreicht auf der weiten Hochebene beim Ortsteil **Kasholz** das ***Wintricher Kastanienwäldchen.*** Im größten Maronenwald von Rheinland-Pfalz stehen über 130 Jahre alte Esskastanienbäume.

km 139,8

Camp. Georgshof
(06534) 932 66

Am rechten Ufer gibt es, etwas versteckt, einen kleinen Steinanleger. Von hier könnte man 400 m auf dem Feldweg zum *Camping Georgshof* gelangen (mühsam).

Bis Bernkastel-Kues fließt die Mosel nun zielstrebig in östliche Richtung. Links sehen wir das kleine **Kesten**,

km 139

das die Römer nach der Kastanie (castanea) benannten.

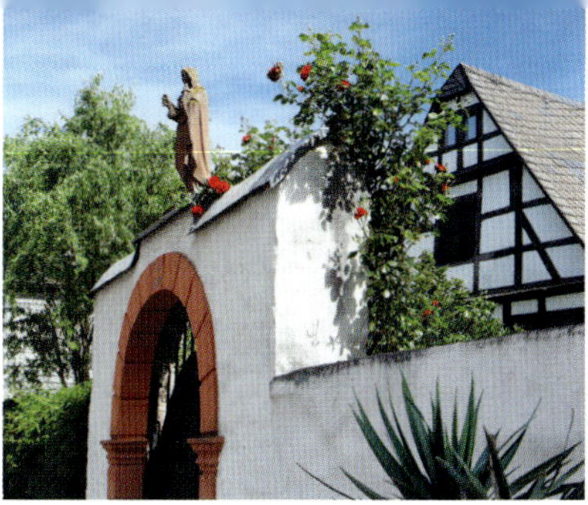

Napoleon soll auf seiner Flucht vor Blüchers Truppen über eine schnell gebaute Schiffbrücke die Mosel nach Kesten überquert haben.

Am südlichen Ufer folgt erst **Filzen** und dann **Brauneberg**, unverkennbar dank des schiefen Zwiebelturms der *Simultankirche St. Remigius* (1777), die zu zwei Dritteln der katholischen und zu einem Drittel der evangelischen Kirche gehört. Die in der Weinlage „Juffer Sonnenuhr" im Schatten gemessene Rekordtemperatur von 41,2°C bestätigte den Bewohnern ihr „nahezu mediterranes Klima", das für die besonderen Weine verantwortlich ist. *Nicht verwunderlich, dass am Fuße dieser Weinlage zwei römische Kelteranlagen gefunden wurden – ein weiterer Beweise dafür, dass die ältesten Römerkelteranlagen nördlich der Alpen an der Mittelmosel standen.* Die später gefundene Anlage wurde saniert und wird heute noch (mit Originalstein) genutzt.

km 136,6

Über 400 erlesene Brauneberger-Tropfen können jährlich Ende September beim Wein- und Straßenfest verkostet werden. Es findet entlang der 1,6 Kilometer langen Nussbaumallee am Moselufer mit ihren bis zu 300 Jahre alten Bäumen statt.

km 134,7

Hotel Weißer Bär & River Bär
(06534) 947 70

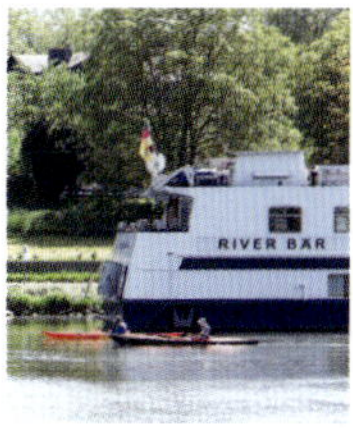

Einen Kilometer weiter überspannt eine Straßenbrücke die Mosel. Dahinter mündet von links das Eifelflüsschen *Lieser*. Gegenüber liegt das stilvolle *Hotel Weißer Bär*, kurz vor dem offiziellen Anleger des Ortes **Mülheim**. Das 4-Sterne-Haus mit großem Wellnessbereich bietet im *River Bär* auch Schiffsübernachtung in Kabinen an.

Die Lage **Mülheims** war schon bei den Kelten, Römern und Franken beliebt, was Funde in der Umgebung bewiesen. *Sehenswert ist die einmanualige Orgel der Gebrüder Friedrich und Karl Stumm in der evangelischen Kirche (1672). Die komplett erhaltene Orgel von 1890 gehört zu den letzten Instrumenten der berühmten Hunsrücker Orgelbauerdynastie (www.stummorgel.de). Dass der Wein der Lage Mülheimer Sonnenlay ebenfalls etwas ganz Besonderes ist, wusste man auch in den 1930er Jahren. Damals wurde*

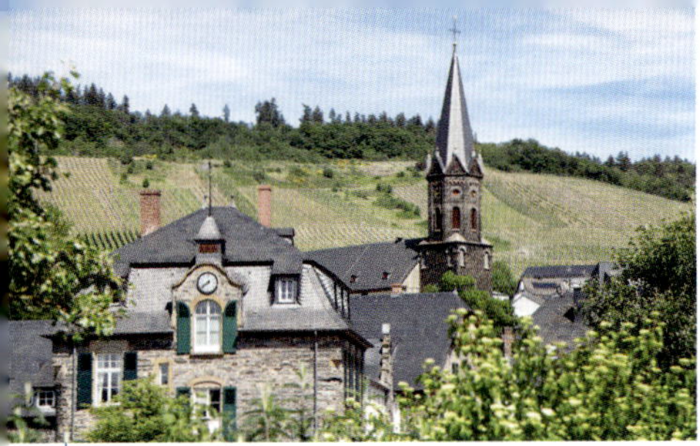

Am Fuße der Weinberge liegt Lieser

der seither auch „Zeppelin-Wein" genannte Riesling im Luftschiff „Graf Zeppelin LZ 127" während der Fahrten nach Amerika den Gästen gereicht.

Vorbei am hübschen **Lieser (km 134,**) mit seinem im Stil des Historismus erbauten *Schloss* (1887) und der *Pfarrkirche St. Peter* (1782), erreichen wir mit dem Stadtteil **Andel** am rechten Ufer Bernkastel-Kues. In Andel wurden vom 18. bis ins 20. Jh. hinein Goldkörnchen im Dorfbach gefunden, der deshalb *Andeler Goldbach* heißt.

km 132

i Goldene Vergangenheit

Im Jahre 1709 fand ein gewisser Ellinger im heutigen Goldbach das erste Stück Gold. Ein „breites Stück, welches sehr groß gewesen" wusste ein Bürger zu berichten. Nun war er ermuntert ebenfalls Gold zu suchen, was in den folgenden Jahren von einigem Erfolg gekrönt war. Sechzig Jahre nach dem ersten Goldfund fand der Sohn, Adam Brück, zwei Goldstücke, die an den Hof von Mannheim gelangten. Dies veranlasste den dortigen Kurfürsten *„der Sache auf den Grund gehen zu lassen und verordnete, besagte Andeler Bach und seine Ufer sowohl, als die darinnen befindliche Stein und Sandart unter Zuziehung besagten Brücks und eines Rheingoldwäschers genau zu untersuchen."*

Im Rahmen dieser „kurpfälzischen Waschversuche" verbot 1773 das Ordnungsamt den Einwohnern *„in der Andeler Goldbach ohne besondere erlaubnus"* Gold zu suchen. Vom Kurfürsten beauftragte Tagelöhner fanden bis ins Jahr 1776 immer wieder Gold und in der Zeit der französischen Besatzung wurde gar ein Nugget von etwa 20 Gramm von einem Andeler Bauern gefunden.

Bis in die 1980er Jahre kam es immer wieder zu vereinzelten Goldfunden, aber die ursprüngliche Lagerstätte des Goldes im Andeler Goldbach wurde bis heute nicht gefunden.

km 131

Campingpark Bernkastel-Kues
(06531) 82 00

Einen Kilometer weiter liegt am linken Ufer der *KNAUS Campingpark Bernkastel-Kues* auf der *Halbinsel Kueser Werth* gleich neben dem Yachthafen. Von hier läuft man 2 km zu Fuß zur Brücke in **Bernkastel-Kues.**

Wer **Bernkastel-Kues** nur einen kurzen Besuch abstatten möchte, findet später noch weitere gute Anlegestellen.

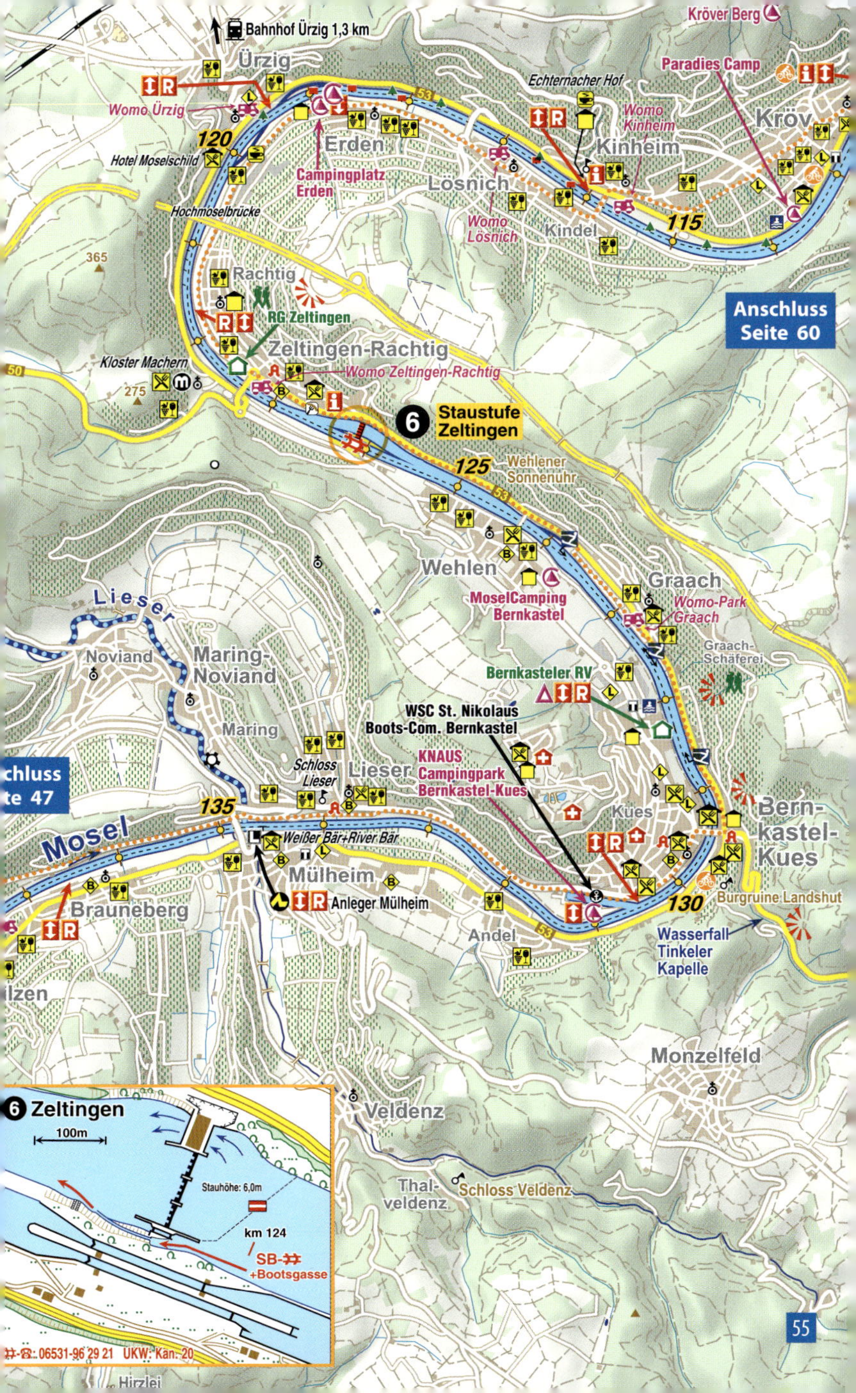
Bahnhof Ürzig 1,3 km
Ürzig
Womo Ürzig
120
Hotel Moselschild
Erden
Campingplatz Erden
Lösnich
Womo Lösnich
Echternacher Hof
Kröver Berg
Paradies Camp
Kröv
Womo Kinheim
Kinheim
Kindel
115
53
Hochmoselbrücke
365
Rachtig
RG Zeltingen
Zeltingen-Rachtig
Womo Zeltingen-Rachtig
Kloster Machern
275
50
6 Staustufe Zeltingen
125
Wehlener Sonnenuhr
Anschluss Seite 60
Wehlen
MoselCamping Bernkastel
Graach
Womo-Park Graach
Graach-Schäferei
Lieser
Noviand
Maring-Noviand
Maring
Bernkasteler RV
WSC St. Nikolaus
Boots-Com. Bernkastel
KNAUS Campingpark Bernkastel-Kues
Schloss Lieser
Lieser
chluss
te 47
135
Mosel
Weißer Bär+River Bär
Mülheim
Anleger Mülheim
Kues
Bern-kastel-Kues
Burgruine Landshut
130
Brauneberg
Andel
Wasserfall Tinkeler Kapelle
ilzen
Monzelfeld
Veldenz
Thal-veldenz
Schloss Veldenz
6 Zeltingen
100m
Stauhöhe: 6,0m
km 124
SB-
+Bootsgasse
06531-96 29 21 UKW: Kan. 20
Hirzlei

km 129,4 Wir legen im Ortsteil **Kues** vor der Brücke links an und genießen den tollen Blick auf die ***Burgruine Landshut,*** die am gegenüberliegenden Ufer thront.

Über die Brücke erreichen wir **Bernkastel** mit von Giebelfachwerkhäusern bestandenen mittelalterlichen Marktplatz, von denen das 1416 erbaute schmale Spitzenhäuschen besonders hervorsticht. *Das Renaissance-Rathaus, 1608 gebaut, gruppiert sich mit Stöcks Apotheke (1660, Haus-Nr. 3), das Paradestück unter den Bürgerhäusern, und weiteren Gebäuden um den St. Michaelsbrunnen von 1606. Vorbei am neuzeitlichen Bärenbrunnen (1968) gelangt man zum einzigen noch verbliebenen Stadttor.*

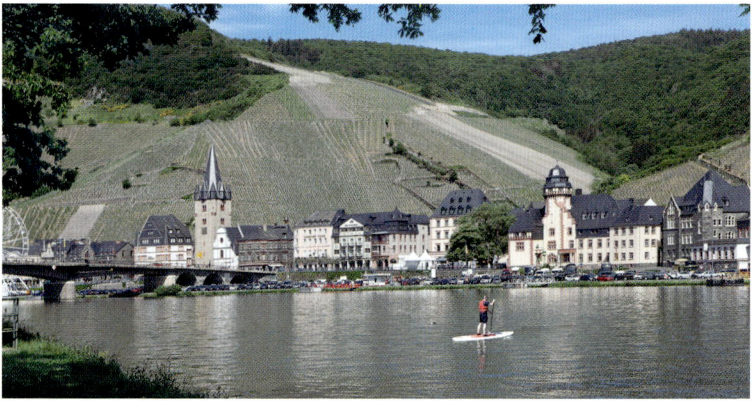

Mit dem SUP-Board vor Bernkastel-Kues

Wir queren auf die rechte Flussseite und verlassen Bernkastel-Kues entlang des bekannten Doctor-Weinbergs.

km 127 Zwei Kilometer nach Bernkastel folgt am rechten Ufer die kleine Gemeinde **Graach**. Der Ortsteil **Schäferei** liegt 300 Meter oberhalb, inmitten der Weinberge. Von dort führen verschiedene ***Wanderwege*** zu lohnenden Panorama-Aussichtsstellen.

Graacher Winzer wurden mehrfach prämiert, so erhielt zum Beispiel das Weingut Josef Bernard-Kieren den Bundesehrenpreis des Ministeriums für Ernährung, Landwirtschaft und Verbraucherschutz – die höchste Auszeichnung der deutschen Weinwirtschaft.

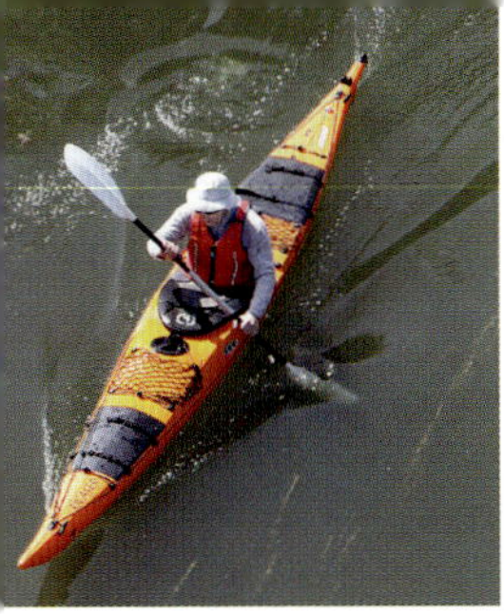

Am linken Ufer taucht bald **Wehlen** mit dem *MoselCamping Bernkastel* (3 km Fußweg nach Bernkastel) auf. Wer länger bleibt, mietet sich eine von den schönen Naturholz-Unterkünften „Igluhut" oder „Camping-Pod".

km 126,3

MoselCamping Bernkastel
(06531) 81 76

Schon zur Römerzeit siedelten hier Menschen, wie auf 58 v. Chr. datierte Funde bewiesen.

An der Häuserfront **Wehlens,** ein Stadtteil von Bernkastel-Kues, reiht sich am Ufer ein exklusives Weingut ans andere. Die sonnenverwöhnte Steillage gegenüber sorgt für Spitzenweine. *Die Winzer setzten mit kleinen Booten auf die rechte Moselseite über, bis 1915 die erste Betonbrücke entstand. Diese fiel jedoch schon 1920 dem Hochwasser zum Opfer. Die folgende Eisenkonstruktion von 1926 wurde beim Rückzug deutscher Soldaten 1945 gesprengt. Seit 1949 überspannt nun die einzige Hängebrücke an der Mosel den Fluss und ist ein Wahrzeichen Wehlens, das auch für seine Sonnenuhren bekannt ist.*

Wehlener Sonnenuhren

i

Es gibt viele schöne Sonnenuhren in den Mosel-Weinbergen. Einige stammen bereits aus dem 17. Jahrhundert. Die Wehlener Sonnenuhr wurde 1842 vom Weinbergsbesitzer Jodocus Prüm errichtet und gehört zu den bekanntesten. Betrachter mögen sich über die „falsche" Uhrzeit wundern. Doch wie alle alten Sonnenuhren, zeigt auch die Wehlener die „wahre Ortszeit" an: beim höchsten Sonnenstand fällt der Schatten auf die Zwölf. Das ergibt eine Differenz von 32 Minuten zur – seit 1893 verbindlichen – Mitteleuropäischen Zeit. Im Sommer ist der „Fehler", bedingt durch die Sommerzeit, noch eine Stunde größer. Wehlen möchte Stadt der 100 Sonnenuhren werden und zählt inzwischen schon knapp 60 unterschiedlichste Exemplare.

Auch bei der – zwei Kilometer unterhalb der Wehlener Brücke folgenden – *Staustufe Zeltingen* haben wir Glück und dürfen in der großen Kammer mitschleusen.

km 123,8

Zeltingen
(06531) 96 29-21
SB-Schleuse
+Bootsgasse
Skizze Seite 55 6

Alternativ zur SB-Sportbootschleuse kann die Bootsgasse befahren oder 80 Meter an dieser entlang umtragen werden.

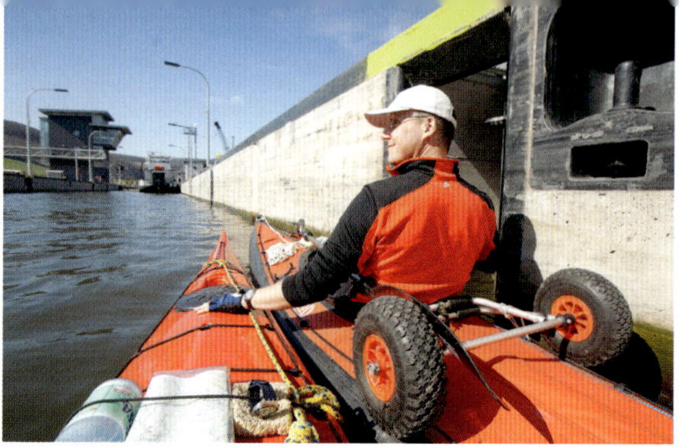

Bequeme Alternative außerhalb der Saison. Das Mitschleusen in den großen Kammern.

km 123,3

In **Zeltingen-Rachtig** legt man gleich nach dem WoMo-Stellplatz (Weinautomat!) hinter der Brücke am rechten Ufer an der Slipanlage des Rudervereins an. Umgeben von Weinbergen, liegt der Ort in der großen Moselschleife zwischen Bernkastel-Kues und Traben-Trarbach.

Der **7 km** lange ***Kulturweg „Von Kurköln zu den Deutschherren"*** informiert auf Tafeln über das frühere Leben an der Mosel. Er führt durch beide Ortsteile sowie mehrere Weinlagen der Gemeinde.

Das Moselufer und die Höhen oberhalb von Zeltingen und Rachtig wurden nachweislich schon zirka 3500 v. Chr. bewohnt. Ab 500 v. Chr. siedelten die keltisch-germanischen Treverer in dem Gebiet. Bis Ende des 18. Jh. war die Doppelgemeinde eine politische Enklave des Kurfürstentums Köln.

Heute zählt die Gemeinde mit 133 Hektar Anbaufläche zu den größten Weinbauorten der Mittelmosel. Im September 2013 erzielte eine 2010er Trockenbeerenauslese der bekannten Weinlage „Zeltinger Sonnenuhr" den Rekord-Preis von 3.875 Euro – für eine Flasche wohlgemerkt.

km 122,3

Kloster Machern
(06532) 95 16 40
Di-So 10-18

Vis-à-vis von **Zeltingen** liegt das seit dem 11. Jh. bestehende, hübsche *Zisterzienserkloster Machern* mit historischem Puppen-, Spielzeug- und Ikonenmuseum, Klosterbrauerei, Brauhaus mit Restaurant, Klosterladen und Weinkabinett (www.klostermachern.de).

Das Weingut Markus Molitor mit Vinothek Haus Klosterberg *(Mo-So 10-17)* liegt oberhalb des Klosters. Die Weine haben auch schon Preise über 2.700 Euro erzielt.

Vor uns bestimmt die über dem Tal thronende ***Hochmoselbrücke*** – 1,7 km lang und mit 158 Metern Höhe zweithöchste Brücke Deutschlands – die Landschaft.

km 120,8

Wir unterqueren die Brücke und erreichen in der weiten Flusskurve **Ürzig** am linken Ufer. Gleich am Ortseingang könnte man im *Hotel Moselschild (Bootsanleger links)* eine Übernachtung im Bett buchen.

km 120,1

Hotel Moselschild
(06532) 93 93 0

Zum ***örtlichen Anleger*** paddelt man noch rund 500 Meter weiter. Das Moselufer ziert eine Platanenallee, an der Promenade steht das barocke Wohnhaus des „Mönchshofs", es gehört zu einem der ältesten Weingüter an der Mosel.

km 119,5

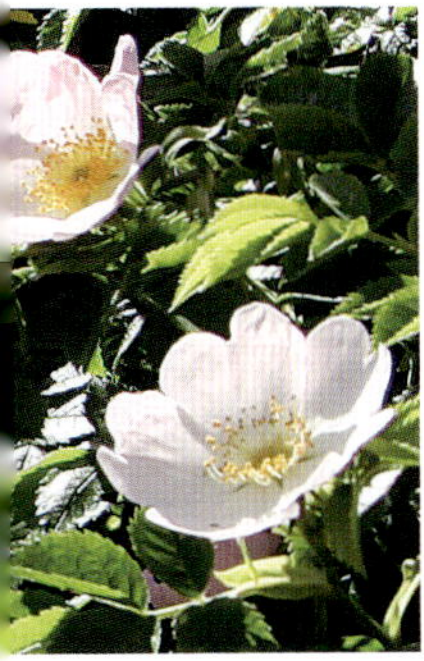

Kleine Gassen mit alten Patrizier- und Fachwerkhäusern des 16.-17. Jh. prägen den historischen Ortskern von **Ürzig**, *der vermutlich schon keltisch, sicher aber römisch besiedelt war. Er steht, ebenso wie die katholische St. Maternus Kirche, unter Denkmalschutz. Im Rebgelände steht ein Wachturm an dem die Ürziger Sonnenuhr zu bewundern ist – vermutlich die älteste an der Mosel und eine der wenigen, die römische statt arabische Zahlen trägt.*

In Anlehnung an die bekannte Weinlage Ürziger Würzgarten entstand auf einem ehemaligen Weinberg der „Ürziger GeWürzgarten". Im mediterranen Kräutergarten wachsen neben über 160 Staudenarten auch Wild- sowie historische Rosen und traditionelle Heil- und Gewürzpflanzen (für eine Führung bitte im Verkehrsbüro anmelden: (06532) 26 20).

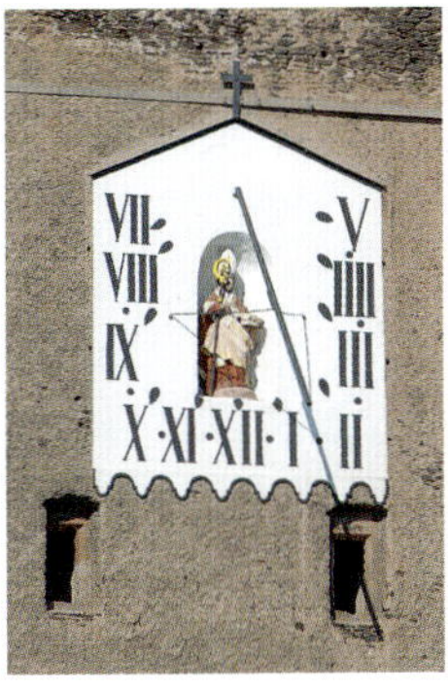

Ürziger Sonnenuhr

Bis Kinheim passieren wir auf drei Kilometern am rechten Ufer hintereinander **Erden**, **Lösnich** und **Kindel**.

Die **Erden***er bezeichnen ihren Ort gerne scherzhaft als ältestes Dorf der Welt. Heißt der erste Satz der Bibel doch „Am Anfang schuf Gott Himmel und Erde(n)".* Im Ort mit seinen winkligen Gassen, hübschem Fachwerk und der barocken katholischen *Pfarrkirche St. Anna* gibt es noch mehr als ein Dutzend Winzerbetriebe.

km 119

Campingplatz Erden
(06532) 25 49
auch Campingfässer

km 117 Der Weinort **Lösnich** *(Ausstieg am WoMo-Stellplatz)*, weiß mit zahlreichen Fachwerkbauten und stilvollen Winzerhäusern aus den Gründerjahren und dem Jugendstil zu gefallen. Ebenso sind die spätgotische *Friedhofskapelle*, die *neugotische Pfarrkirche* (1869), das *Kesselstattsche Amtsgebäude* und das *Pfarrhaus* sehenswert.

km 116 In **Kindel**, einem Ortsteil von Kinheim, werden an flachen Weinbergen überwiegend frühe Sorten wie Müller-Thurgau oder Dornfelder angebaut. *Der Römerhang erhielt seinen Namen von einer römischen Villenanlage aus dem 3. Jh., die hier bei Ausgrabungen gefunden wurde. Das ebenfalls gefundene Hochrelief des Schlegelgottes Sucellus (zu sehen im Landesmuseum Trier) ist durch seine abgebildeten Weintrauben und das Weinlaub einzigartig. Es gilt als ältestes Zeugnis für den Weinbau an der Mosel.*

km 116 Jenseits der Brücke liegt am linken Ufer **Kinheim**. Die *Kinheimer Burg* stammt aus dem 13. Jh., das historische Hofgut *Echternacher Hof* aus dem Jahr 1774, die *Pfarrkirche St. Martin* von 1827. Diese Gebäude lohnen, ebenso wie die verwinkelten Gassen im Ortskern, einen Besuch.

B&B Echternacher Hof & Café Bonaparte
(06532) 293 41 31

Den Mischwald auf der Anhöhe am rechten Ufer, empfinden wir als willkommene Abwechslung zu den Weinbergen. Der Fluss biegt in nördliche Richtung ab und erreicht bald den Ort **Kröv**.

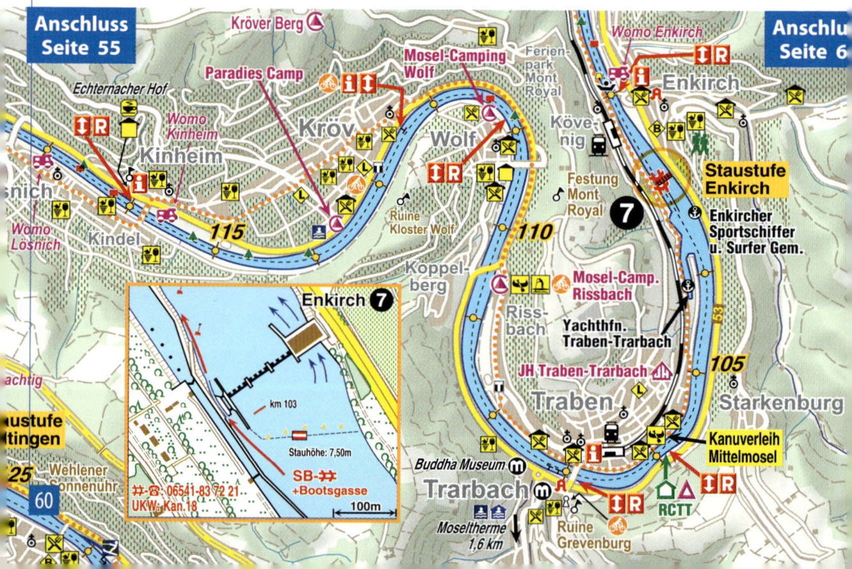

Für den Namen seiner bekanntesten Weinlage „Kröver Nacktarsch" gibt es unterschiedlichste Erklärungen. Tatsache ist, dass schon die Römer von dem Flecken angetan waren und den Weinbau hierher brachten. Im Ort entstanden stattliche Höfe, etwa der Pfarrhof gegenüber der kath. Kirche St. Remigius (1725). Eines der erstaunlichsten moselländischen Fachwerkhäuser und schönstes Haus im Ort – das Dreigiebelhaus (1668) – war das Rathaus, bevor es zum Weingut wurde. ***Heimatfieber Kröv:*** Am 1. Juliwochenende reisen Trachtengruppen und Musikkapellen aus ganz Europa zum Internationalen Trachtentreffen mit großem Festumzug (Sonntag) und einzigartiger Flussfeier auf einer schwimmenden Moselbühne an.

km 113,7

Paradies Camp
(06541) 96 51

Freibad Kröver Reich
(06541) 96 53

km 112,4

Tourist-Info Kröv
(06541) 94 86

In einem weiteren engen Mäander schwenkt die Mosel wieder in südliche Richtung. Auf dem vorausliegenden Bergrücken ***Mont Royal*** befindet sich eine Festungsruine.

Die Festung Mont Royal wurde von 1687 bis 1698 auf Befehl von Louis XIV von Fronarbeitern errichtet, um die französischen Interessen am Rhein zu schützen. Doch als Bedingung des Friedens von Rijswijk musste der Sonnenkönig die Festung schon bald wieder schleifen lassen. Relikte des 1698 gesprengten Bauwerks können besichtigt werden.

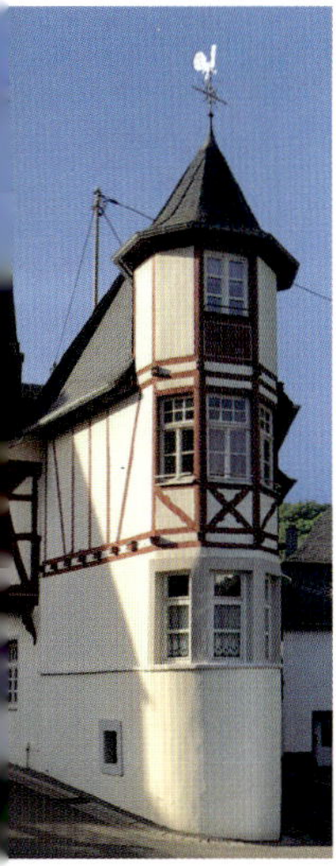

Rechts bietet der *Mosel-Campingplatz Wolf* *(Kanu & SUP für Gäste)* eine Übernachtungsmöglichkeit. Durch den kleinen Traben-Trarbacher Stadtteil **Wolf** lohnt ein Spaziergang entlang der Fachwerkhäuser – wie dem *Spitzhäuschen*. Oder der Aufstieg durch die Weinberge zur *Klosterruine* mit herrlicher Aussicht.

Wir passieren eine Brücke und kommen zum Stadtteil **Rissbach** am linken Ufer, wo man beim *Moselcamping* sogar in Schlaffässern nächtigen kann. Der Platz bietet nicht nur Kindern eine Menge Animation, neben Kanus und SUPs gibt es auch Fahrräder für Ausflüge in die Umgebung zu mieten.

km 111,4

Camping Wolf
(06541) 31 11

Garni Moselperle
(06541) 98 30

Wein- und Gästehaus Boor
(06541) 61 30

km 109

Moselcamping Traben-Trarbach / Rissbach
(06541) 31 11
auch Schlaffässer

km 107,4

Buddha-Museum
(06541) 816 51 80
Di-So 10-18

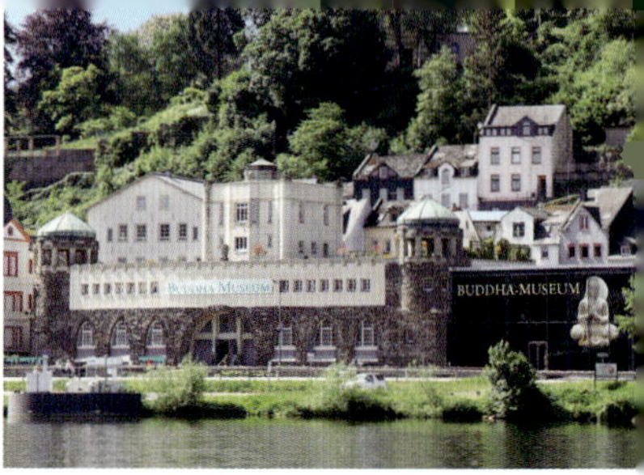

Das erste was in **Traben-Trarbach** ins Auge fällt, ist das große *Buddha-Museum* am rechten Ufer – das hätten wir an der Mosel nicht erwartet, schon gar nicht in einer ehemaligen Weinkellerei mit schönem Dachgarten. Es beherbergt die größte Sammlung buddhistischer Kunst in Europa.

km 106,9

Das ursprünglich fränkische Königsgut **Traben**, *830 als Schenkung an das Aachener Marienstift erstmals urkundlich erwähnt, blieb lange Dorf.* **Trarbach** *auf der gegenüberliegenden Moselseite, machte seit 1253 als Verwaltungssitz der Hinteren Grafschaft Sponheim Karriere. Beide Ortsteile wurden im 19. Jh. von einem verheerenden Feuer heimgesucht – ein Großteil der Bevölkerung wurde obdachlos und die Stadt musste notgedrungen modernisiert werden. Die erste Brücke zwischen Trarbach und Traben entstand 1898, wurde jedoch 1945 zum Ende des Zweiten Weltkrieges gesprengt.* An der heutigen Brücke von 1948 befindet sich die offizielle Ausstiegsstelle.

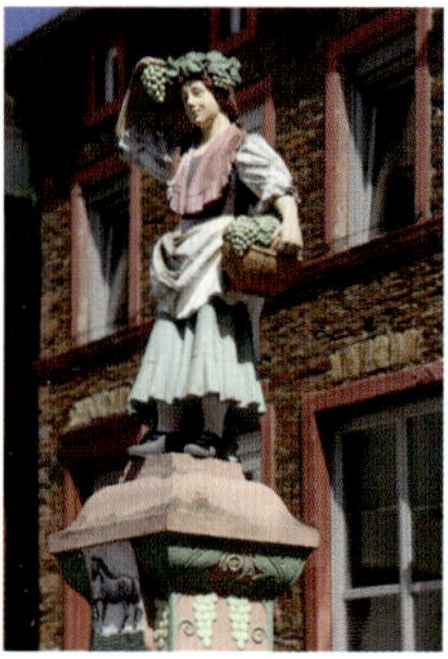

km 105,9

RCTT Ruder-Club Traben-Trarbach
online anmelden

Wir erreichen den gastfreundlichen *Ruder-Club Traben-Trarbach* nach einem weiteren Kilometer am rechten Ufer. Wir hatten uns vorab angemeldet und dürfen das LUMA-Quartier nutzen *(unterkunft@rctt.de)*. Vom Raum im Obergeschoss, in dem wir unsere Isomatten ausrollen, haben wir einen schönen Blick auf den Fluss.

Hotel Bisenius
(06541) 81 37 10

Hotel Krone
(06541) 81 86 68

Kanuverleih Mittelmosel
01515-603 98 58

Am gegenüberliegenden Ufer findet man zwei Hotels zum Übernachten – *Hotel Garni Bisenius* und *Hotel Krone*. Dazwischen liegt der *Kanuverleih Mittelmosel.*

Beim abendlichen Gang durch „DIE" Jugendstilstadt an der Mosel lohnt ein Blick auf das Brückentor des Architekten Bruno Möhring (1863-1929) in Trarbach, das Jugendstilhotel Bellevue und das ehemalige Rathaus Traben (1899) im Ortsteil Traben. Wesentlich älter ist die Ruine Grevenburg (1350) hoch über dem Moseltal (toller Ausblick).

Etappe 2 – Von Traben-Trarbach nach Cochem

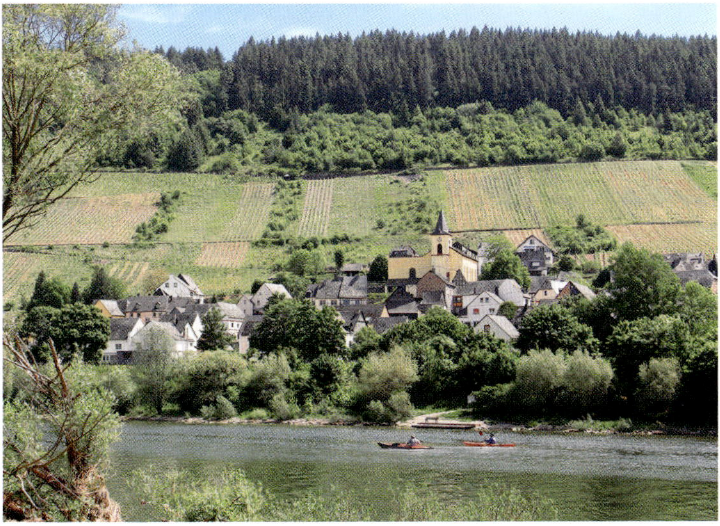

So macht paddeln Spass – romantische Dörfer inmitten von Weinbergen und ein ruhiger Fluss. Nur selten begegnen uns größere Schiffe.

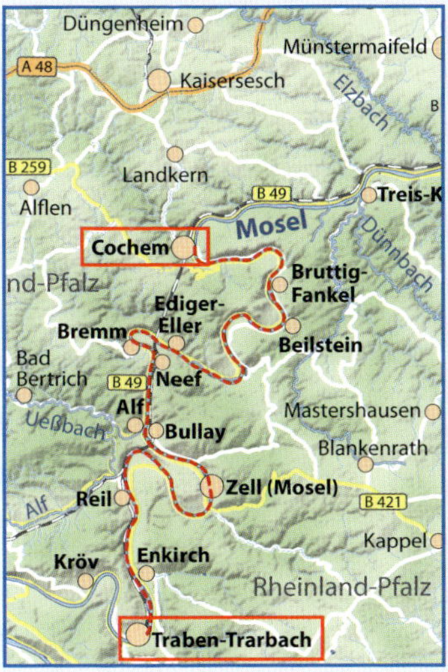

Einsetzstelle km 105,9
Ruderclub Traben-Trarbach, Enkircher Str. 41, an der B 53 in **Traben-Trarbach** am südlichen Flussufer

Aussetzstelle km 49,9
Freizeitzentrum Mosel Camping Cochem, Stadionstr. 11, am östlichen Flussufer, 56812 **Cochem**

Länge & Dauer der Etappe
ca. 56 km, mind. 3 Tage

Hindernisse

2 Schleusen mit Bootsgasse
Schleuse Enkirch
Schleuse Fankel

1 Schleuse mit Umtragestelle
Schleuse St. Aldegund

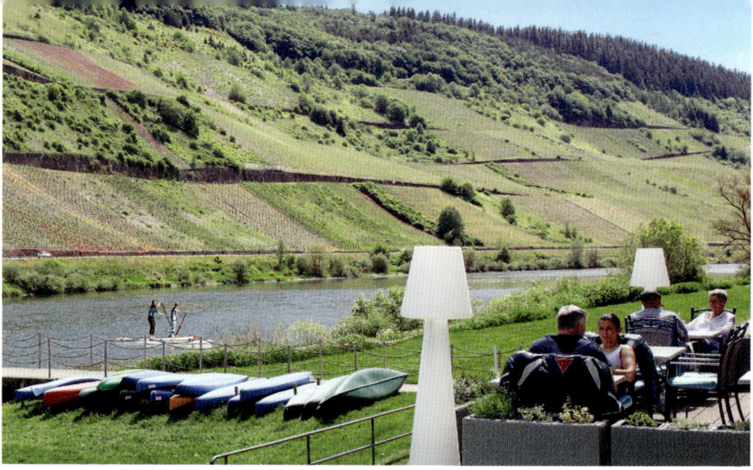

In Reil kehren viele Paddler erstmal ein, bevor sie sich ein Boot mieten

km 103

Enkirch
(06541) 83 72-21
SB-Schleuse
+Bootsgasse
s. Detailskizze 7
Seite 60+67

Hinter **Traben-Trarbach** passiert man zunächst den Yachthafen am linken Ufer und gelangt dann zur *Staustufe Enkirch.* Hier haben wir wieder die Wahl zwischen Bootsgasse und SB-Sportbootschleuse.

Im Unterwasser liegt gleich am linken Ufer der ruhige 250-Einwohner-Ort **Kövenig**. Die Häuser verteilen sich unterhalb der steilen und bewaldeten Hänge. Einzelne, teils winzige Weingärten finden sich dazwischen. Oben auf dem *Mont Royal* ist die gleichnamige Feriensiedlung zu erkennen. Die schmale Straße, die unterhalb von Kövenig nach Reil führt, ist bei Hochwasser an der Mittelmosel stets die erste, die überflutet wird.

km 102,3

Am Bahnhof erhält man Anschluss zur *Moselweinbahn*, die auf der Nebenstrecke von Traben-Trarbach zum IC-Bahnhof Bullay fährt.

km 101,9

Personenfähre Enkirch-Kövenig
Apr-Okt Di-So
9.30-12+13.30-17

Von April bis Oktober pendelt eine *Personenfähre* zum gegenüberliegenden **Enkirch,** an der Mündung eines verzweigten Bachlaufs gelegen.

Der vielen Fachwerkhäuser wegen, die im 15. bis 18. Jh. erbaut wurden, kam Enkirch zum Namen „Schatzkammer rheinischen Fachwerkbaues". 1248 erhielt Enkirch die Freiheitsurkunde mit Stadt- und Marktrechten sowie eigener Gerichtsbarkeit. Erst mit dem Bau der Gräfenburg in Trarbach verlor Enkirch an Bedeutung. Im Rahmen eines geführten Rundgangs bewundern wir die wunderschön geschnitzten Straßenschilder, interessanten Haustüren und den Drilles, einen Drehkäfig, in dem örtliche Schlitzohren zur Schau gestellt wurden – eine der zahlreichen Bestrafungsmethoden im 16. Jahrhundert.

Von **Enkirch** ausgehend sind mehrere ***Wanderungen*** ausgeschildert.

Etwa ***3 Stunden*** braucht man für den gut ***10 km*** langen ***Rundweg Endeler Köpfe (E4),*** der durch die Straße „Im Alten Tal" zur „Klause" und weiter zur Höhe „Endeler Köpfe" mit herrlichem Fernblick führt. Talwärts, durch Felder und Wald, kommt man ins Ahringstal und wandert entlang dem Ahringsbach und seinen drei Mühlen zurück nach Enkirch.

Der Rundwanderweg ***Weinlehr-Pfad*** führt durch die Weinlage "Steffensberg" und bietet auf rund ***3,5 Kilometern*** neben Infotafeln auch herrliche Ausblicke auf den Ort, das Moseltal und die reizvollen Seitentäler.

km 98,9

Drei Kilometer weiter liegt der Ort **Burg (Mosel)**. *Ebenfalls uralt (Reste eines römischen Kastells), weiß er mit seiner hübschen kath. Pfarrkirche St. Briktius (1827) zu gefallen.* Die Ernte bestimmte immer den Wohlstand (oder die Armut) des Wein- und Fremdenverkehrsortes.

km 97,4

Gästehaus Schier
(06542) 96 12 26
0176-61 25 88 23

Boutique-Hotel Villa Melsheimer
(06542) 90 00 34

Hotel Reiler Hof
(06542) 26 29

Mosel-Kanuverleih Reil
(06542) 96 95 00
0175-551 61 75

Gegenüber der Weinlage „Burger Hahnenschrittchen", einer traditionellen Schiefer-Steillage, sehen wir bald **Reil** am linken Ufer mit seinem großen Schwimmsteg zum Anlegen. An der Promenade lässt es sich herrlich bei einem kleinen Imbiss sitzen und schauen. Auch der Kanuvermieter *Moselkanuverleih* hat hier seinen Sitz. Stilvoll übernachten kann man im historischen Zehnthof beim *Gästehaus Schier* vom Weingut Schier.

Der 1008 erstmals urkundlich erwähnte Ort hieß im Mittelalter auch Rile oder Ryle. Deshalb wird vermutet, dass Gerhard von Rile zwischen 1210 und 1215 hier geboren wurde. Vom ersten Dombaumeister des Kölner Doms, der 1271 in Köln starb, stammt vermutlich auch der Gesamtplan für den Dom.

Natürlich spielt auch in Reil der Wein eine wichtige Rolle. *Hier rankt sich eine Sage um die Entstehung des Namens „Reiler vom heißen Stein".* Der Ortsteil **Heißer Stein** liegt oberhalb, etwas südlich von Reil.

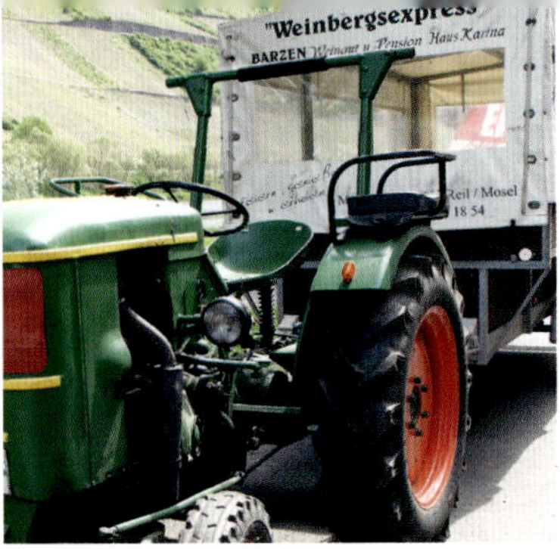

Weinbau gewinnt in **Reil**, nachdem sich die Rebfläche in den vergangenen Jahren halbiert hatte, wieder an Bedeutung – Jungwinzer rekultivieren vergessene Weinberge oder bauen Biowein an den steilsten Hängen an. Anbieter für Weinleseurlaub gibt es ausreichend in dem Ort mit zahlreichen hübschen Fachwerk- und Natursteinhäusern.

Die Bahnstrecke von Reil nach Bullay verläuft vor dem südlichen Scheitel der nächsten Flusswindung auf einem Hangviadukt (1880), bevor sie in einem Tunnel im Berg verschwindet. Das Viadukt mit seinen 92 Bögen auf 786 Metern Länge ist das längste seiner Art in Deutschland.

km 96,2

Gleich hinter Reil liegt am rechten Ufer der *Camping Moselland* in herrlicher Alleinlage mitten in der Natur.

Camp. Moselland
(06542) 26 18

Gut zwei Kilometer weiter, hinter der Flusskurve, erreichen wir dann das idyllische **Pünderich**. Der *Moselcampingplatz Pünderich* *(vermieten Kanu & SUP an Gäste)* liegt gleich neben dem Anlegesteg. *Noch gut 30 Weingüter gibt es im Ort, der sich, dank der Tatsache, dass die B 53 südlich am Ort vorbeiführt, angenehm ruhig und entspannt präsentiert. Viel kunstreiches Fachwerk (15.-18. Jh.) mit blumengeschmückten Fenstern säumt die engen Gassen.*

km 93,6

Moselcamping-platz Pünderich
(06541) 31 11

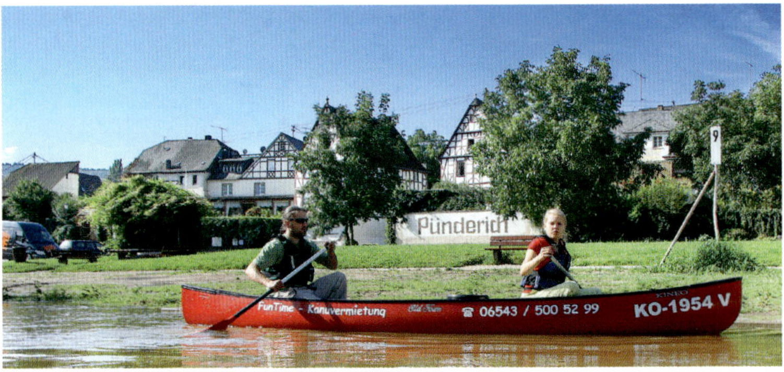

Fachwerkidylle und die wunderschöne Moselpromenade machen Pünderich zu einem Ort, in dem man die Seele baumeln lassen kann

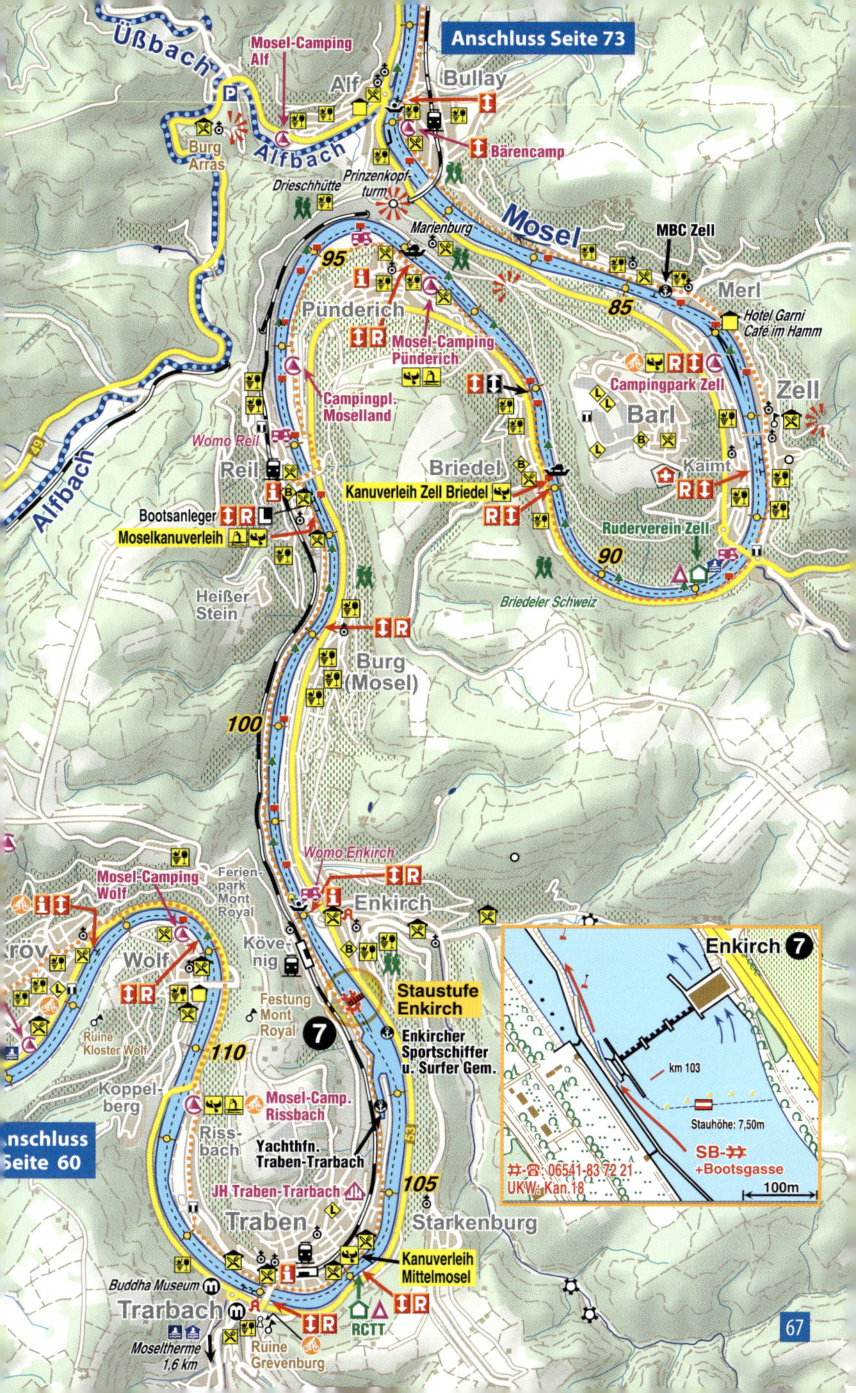

Anschluss Seite 73
Üßbach
Mosel-Camping Alf
Alf
Bullay
Burg Arras
Alfbach
Bärencamp
Drieschhütte
Prinzenkopfturm
Marienburg
Mosel
MBC Zell
95
Pünderich
Merl
85
Hotel Garni Café im Hamm
Mosel-Camping Pünderich
Campingpark Zell
Zell
Campingpl. Moselland
Barl
Womo Reil
Reil
Briedel
Kaimt
Kanuverleih Zell Briedel
Bootsanleger
Moselkanuverleih
Alfbach
Ruderverein Zell
90
Heißer Stein
Briedeler Schweiz
Burg (Mosel)
100
Womo Enkirch
Mosel-Camping Wolf
Ferienpark Mont Royal
Enkirch
Kövenig
Wolf
Festung Mont Royal
Staustufe Enkirch
7
Ruine Kloster Wolf
110
Enkircher Sportschiffer u. Surfer Gem.
Koppelberg
Mosel-Camp. Rissbach
Anschluss Seite 60
Rissbach
Yachthfn. Traben-Trarbach
JH Traben-Trarbach
105
Traben
Starkenburg
Kanuverleih Mittelmosel
Buddha Museum
Trarbach
RCTT
Moseltherme 1,6 km
Ruine Grevenburg
Enkirch 7
km 103
Stauhöhe: 7,50m
SB-
+Bootsgasse
06541-83 72 21
UKW: Kan.18
100m

Am Ufer lockt der ruhige Biergarten des Campingplatzimbiss zu deftigem Essen und erfrischendem Radler vor der Kulisse des eindrucksvollen Fachwerk-Ensemble aus *Altem Rathaus* (1548) mit charakteristischem runden Treppenturm und dem *Alten Fährhaus* von 1621.

Fähre Pünderich
Fahrzeiten siehe
www.puenderich.de

Wir wollen ein wenig wandern. Die Pündericher *Fähre „Marienburg"* bringt uns zum linken Moselufer.

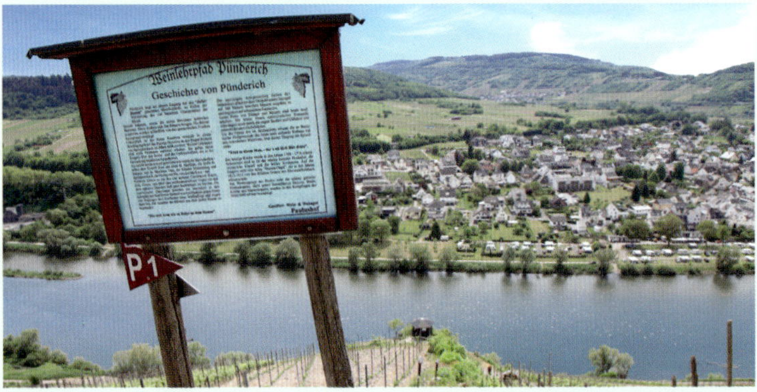

Steile Treppen führen entlang des **Weinlehrpfades** hoch zur **Marienburg.** *Der Komplex aus Kirche und Jugendtagungshaus des Bistums Trier entstand von 1952 bis 1957 aus der Klosterruine.*

800 Meter in nordwestliche Richtung geht es zum **Prinzenkopfturm** auf dem gleichnamigen Berg (233 m ü. N.N.). Er steht auf der nur 500 Meter schmalen Verengung der Moselschleife, die um den Ort Barl herumführt. Von hier hat man einen weiten Blick über die Moselschleife und die Ortschaften Reil, Pünderich, Bullay, Zell und Alf.

Wer noch wenige Minuten weiter läuft, findet an der **Pündericher Aussicht** mit der **Drieschhütte** eine tolle Einkehr.

km 91,1

Fähre Briedel
Mi+So Ruhetag
www.briedel.de

Vom nächsten Ort **Briedel** setzt ebenfalls eine *Autofähre* auf die linke Moselseite über. *Dort steht seit 1823 das Fährhäuschen als Warteraum für Fahrgäste, die nach der Arbeit in den Weinbergen zum Ort zurück wollten.*

Das alte Weindorf mit reizvollem Ortsbild und den in den Moselorten fast schon obligatorischen Fachwerkhäusern liegt idyllisch zwischen zwei großen Moselschleifen. *Das alte Strandbad von 1926 musste nach dem*

Ausbau der Mosel zur Großschifffahrtsstraße 1963 aus Sicherheitsgründen geschlossen werden. Auf dem Gelände befinden sich heute eine Wassertretanlage nach Sebastian Kneipp, gepflegte Wiesen zum Sonnenbaden und eine Slipanlage für Wassersportler.

Wanderparadies „Briedeler Schweiz" – das Waldgebiet lockt mit beeindruckenden Aussichtspunkten (bis auf 420 m ü. N.N.), romantischen Felspartien und gut markierten Wegen zum Aktivsein. *In der „Briedeler Schweiz" wurden bereits 1920 die ersten Wanderwege beschildert.*

km 88,9

Zwei Kilometer weiter erreichen wir am linken Ufer den Schwimmsteg des ***Rudervereins Zell***. Auf der Wiese dahinter darf nach Voranmeldung gezeltet werden. Das ***Erlebnisbad Zeller Land*** mit Frei-, Hallenbad und Sauna liegt nur wenige Meter entfernt.

Ruderverein Zell
(06542) 987 50

km 87,5

Zwischen der großen und der folgenden kleineren Brücke ist am linken Ufer die offizielle Ein- und Ausstiegsstelle der Wasserwanderroute Mosel von **Zell-Kaimt**.

km 86,3

Wir paddeln jedoch an der schönen Häuserfront mit herausragendem Turm der katholischen *Pfarrkirche St. Peter* (1786) vorbei. An der bald auftauchenden Flussinsel halten wir uns links und landen am ***Campingpark Zell*** *(vermieten Kanus und Fahrräder an Gäste)* an.

Camping Zell
(06542) 96 12 16

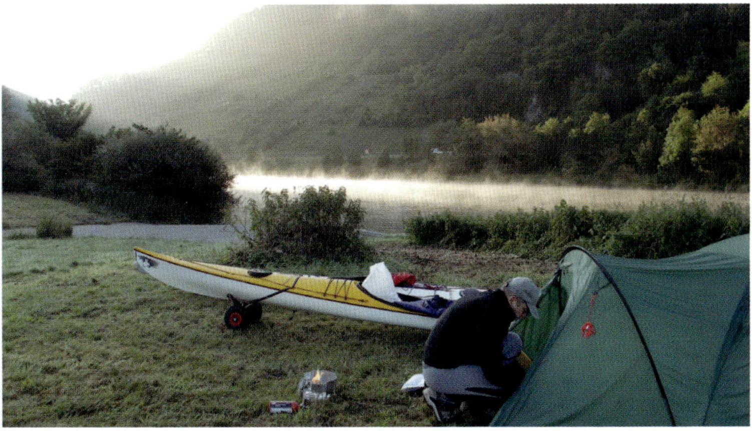

Morgennebel über der Mosel beim Ruderverein Zell

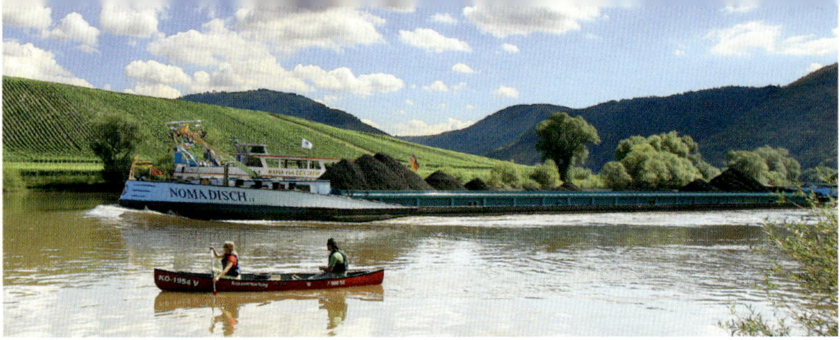

Die Mosel ist Binnenwasserstraße. Neben Passagierschiffen verkehren auch Binnenfrachter, die häufig Kohle und Erze transportieren.

km 86

Hotel Garni Café im Hamm (06542) 45 66

Über die Brücke kommt man vom linksufrigen Stadtteil **Kaimt** nach **Zell** – Heimat der Zeller Schwarzen Katz–, das seit der Jungsteinzeit kontinuierlich besiedelt blieb.

Trotz der langen Besiedlung gibt es kaum mittelalterliche Gebäude, da 1848 und 1857 Großbrände weite Teile der Altstadt zerstörten. Der Wiederaufbau führte zu breiteren Straßen, was Zell „städtischer" wirken lässt. Erhalten ist das spätgotische Haus Caspary von 1515. Das Rathaus (1881) wurde nach den Bränden erbaut. Das Zeller Schloss entstand bis 1543 als Nebenresidenz der Trierer Kurfürsten. Von der mittelalterlichen Stadtbefestigung sind zwei Türme erhalten, der „runde Turm" oberhalb der Stadt fehlt auf fast keiner Postkarte. In der Jacobstraße zeigt Zell seinen dörflichen Teil, eine schmale Gasse mit kleinen Winzerhäusern. Am kleinen Marktplatz, dem Mittelpunkt der Stadt, klingt der Abend bei einem Glas „Zeller Schwarze Katz" wunderbar aus. Das Weinfest „Zeller Schwarze Katz" findet immer am letzten Juni-Wochenende statt.

km 85,3

Wir queren hinüber zum rechten Ufer und passieren bald **Merl** mit seinen Weinlagen wie Sonneck, Klosterberg und Adler. Der Ort keltischen Ursprungs liegt am Merler Bachtal, einem reizvollen Waldbachtal, das weit in den Hunsrück hineinführt.

Die lang gestreckte, einschiffige Klosterkirche, eines der wenigen Gebäude, die vom ehemaligen Klostergebäude übrig sind, hat einen Eichen-Hochaltar, der zu den schönsten Antwerpener Schnitzaltären des 15. Jh. gehört. Die alte Pfarrkirche St. Michael wurde 1823 bis auf den romanischen Turm aus dem 12. Jh. abgerissen. Er gilt als einer der reizvollsten romanischen Türme im Moseltal.

Gut zwei Kilometer unterhalb von Merl erreichen wir die Doppelstockbrücke, die Alf und Bullay über die Mosel miteinander verbindet.

km 82,7

Am rechten Ufer liegt der Ort **Bullay**, *einst römische Siedlung und 1150 als Buley infra Cell erstmals urkundlich erwähnt.* Der Ortskern besticht mit winkligen Gassen und alten Fachwerkbauten.

km 82,1

Hier findet man auf dem Gelände des BärenCamp einen hübschen Platz für das Zelt. Man sollte dabei nicht unbedingt daran denken, dass der Bereich 1993 beim bislang größten Hochwasser der Region, dem „Jahrhunderthochwasser", völlig überspült war.

km 82

Campingplatz Bären-Camp
(06542) 90 00 97

Heute ist Bullay vor allem für Eisenbahnfans „DER" Höhepunkt an der Mosel: über dem Fluss die einzigartige Doppelstockbrücke, im Zentrum der mit dem Architekturpreis des Landes Rheinland-Pfalz ausgezeichnete Umweltbahnhof. Dort beginnt eine sehr lohnende Themenwanderung:

Der **23,5 km** *(Gehzeit ca. 5 h)* lange eisenbahnhistorische ***Kulturweg „Kanonenbahn"*** startet am Umweltbahnhof **Bullay** und führt zunächst zur Doppelstockbrücke und über die Mosel. Die Bahnstrecke verschwindet dann im Prinzenkopftunnel, der Kulturweg führt zur ***Marienburg*** und zum ***Prinzenkopfturm***, dann parallel zum Hangviadukt *(Einkehr* ***Drieschhütte****)* nach Reil.

„Kanonenbahn" wurde die 1870 erbaute, ehemals militärstrategische Eisenbahnstrecke zwischen Berlin und Metz im Volksmund genannt.

Der Wanderweg, der mit Infotafeln über die Geschichte der Bahn informiert, wechselt bei Reil die Moselseite und führt über Pünderich, Briedel, Zell und Zell-Merl *(weitere Einkehrmöglichkeiten in den Orten)* wieder nach Bullay.

Gegenüber von Bullay liegt **Alf** an der Mündung des *Alfbachs* in die Mosel – zu erreichen über die Doppelstockbrücke oder mit der *Personenfähre (Mär-Okt, www.alf-mosel.de)*. Im Ortskern sind schöne Fachwerkhäuser erhalten, im alten Schulhaus befindet sich heute ein kleines Museum. *Bei der später neugotisch gestalteten Basilika St. Remigius aus dem Jahre 1734 ist die bekannte Statue „Christus in der Rast" aus dem 15. Jh. zu sehen.* Der Glockenturm ist das Wahrzeichen des Ortes.

km 81,7

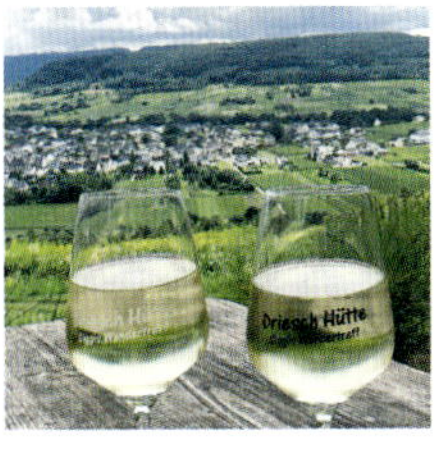

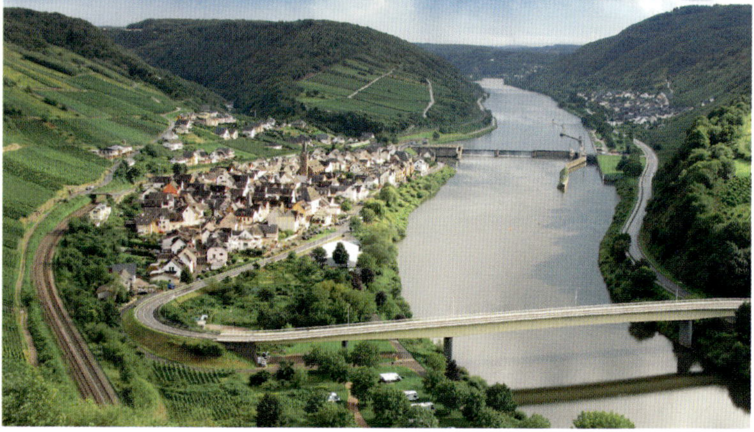

Links im Bild liegt Neef und rechts St. Aldegund

Hotel Burg Arras
(06542) 222 75

Die über 1.000 Jahre alte **Burg Arras** *(Hotel & Museum)*, 2 km oberhalb von **Alf**, wartet mit mittelalterlicher Atmosphäre mit Rittersaal, verträumtem Innenhof und einem in Fels gehauenen Burgverlies auf. Ferner grandiose Ausblicke auf Mosel, Kondelwald und Hunsrück.

km 79,3

Die Mosel fließt weiter schnurgerade in nördliche Richtung. Dreieinhalb Kilometer sind es bis zur nächsten Staustufe. Den über 900 Jahre alten, am linken Ufer gelegenen Ort **Sankt Aldegund** passieren wir noch vorher. *Fundamente einer römischen Villa Rustica südlich des Ortes sowie ein bei Weinbergsarbeiten entdecktes frühchristliches Frauengrab aus der Zeit Konstantin des Großen, weisen auf die Besiedlung der Römer hin.* Große Waldflächen, Steillagenweinberge und lohnende Aussichtspunkte mit Blick ins Moseltal locken zahlreiche Wanderer.

Folgt man in **St. Aldegund** der Beschilderung von der Kirche bergauf über die „Teusch", erreicht man nach 20 Minuten eine kleine Kapelle – das ***„Kehr-Heiligenhäuschen"***, abends am beleuchteten Kreuz erkennbar. Vom ehemals keltisch-römischen Kultplatz hat man eine tolle Aussicht.

Von hier aus ist der Weg zum ***„Buchsbaum Höhenweg"*** ausgeschildert *(gutes Schuhwerk)*. In der Weinlage „St. Aldegunder Palmberg-Terrassen" schließt sich an die Weinberge ein an der Mosel einzigartiger Buchsbaumwald am Steilhang an. Der Buchs wurde um 1800 von den Franzosen vom Mittelmeer an die Mosel gebracht. Die St. Aldegunder nennen ihn „Palmen".

Hinter der *Schleuse St. Aldegund* liegt auf der rechten Moselseite gleich unterhalb der Staustufe das Winzerdorf **Neef**. Vom örtlichen Hausberg, dem ***Petersberg,*** mit seiner romanischen Peterskapelle, kann die Bremmer Moselschleife überblickt werden. *Mehrere Münzfunde auf dem Berg zeugen von römischer Besiedlung. Die 1248 erstmals erwähnte Wasserburg ist das Geburtshaus des Trierer Kurfürsten und Erzbischofs Johann von Metzenhausen.*

km 78,4

St. Aldegund
(06542) 93 71-21
SB-Schleuse
+Umtragestelle
s. Detailskizze 8
Seite 73

Nach der Straßenbrücke und dem WoMo-Stellplatz in Neef erreichen wir den Anfang des *Bremmer Bogen*. Mit einem Radius von gerade mal 350 Metern ist er für die Großschifffahrt die „ungängigste" Kurve der Mosel.

km 76,1

In **Bremm** lohnt der Aufstieg in den Calmont, die steilste Weinbergslage Europas, der mit einem Blick auf diese beeindrucke Schleife belohnt wird. Eine Slipbahn eignet sich zum Anlanden.

Die engen Gassen Bremms sorgen für mittelalterliches Flair. Dazu tragen auch die historischen Fachwerkhäuser

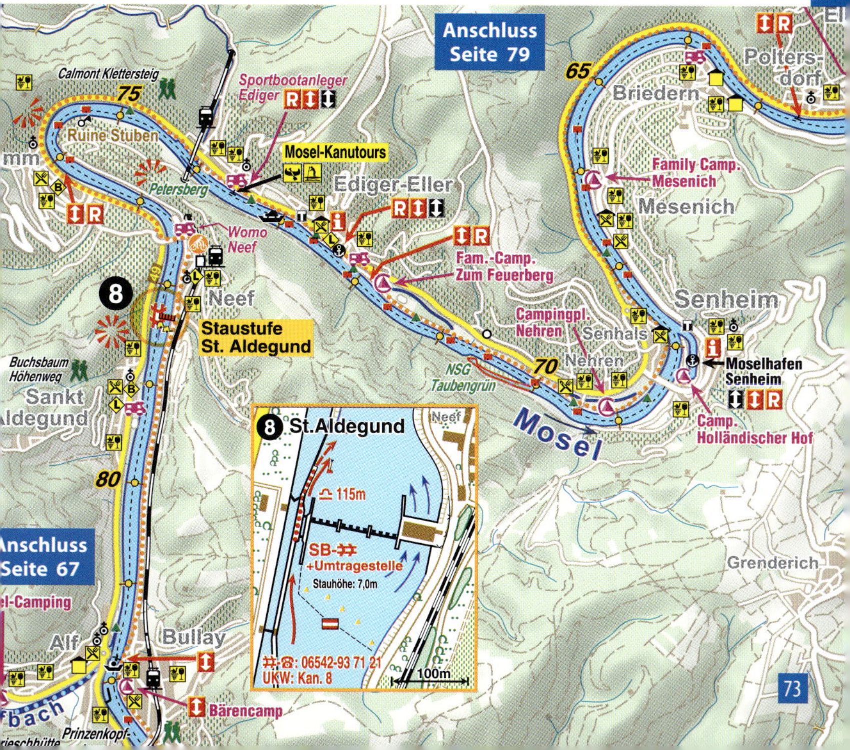

bei. *Unter ihnen sticht das Storchenhaus (1686) mit seinem reichen Schnitzwerk am steilen Zwerchgiebel hervor. Es gehört zu den schönsten Barock-Fachwerkhäusern an der Mosel.*

km 75,4 Nach dem grandiosen Blick auf den Bremmer Bogen, durchpaddeln wir diesen nach Osten. Am rechten Ufer liegt auf der Landzunge des Moselbogens, oberhalb eines schönen Sandstrandes, die in Weinreben eingebettete malerische ***Klosterruine Stuben.***

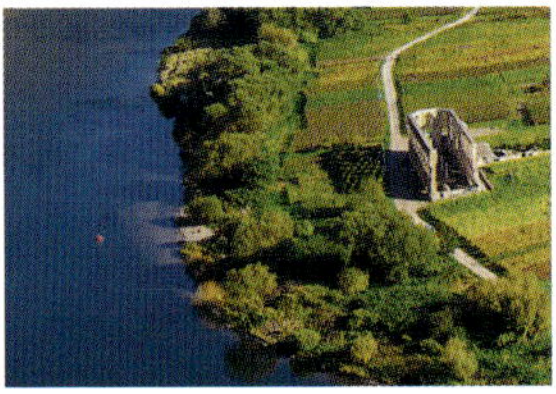

In dem 1137 gegründeten Augustinerinnenkloster übergab der Ritter Heinrich von Ulmen seiner Schwester Irmgard als Vorsteherin des Stifts die Staurothek, jenen Behälter, in dem sich Teile aus dem Kreuz Christi befinden sollten (heute im Diözesanmuseum Limburg an der Lahn).

km 73,5

Mosel-Kanutours
(02671) 55 51

Kurz nach der Eisenbahnbrücke gibt es links beim Ort **Ediger-Eller** einen Anlegesteg. Hier können bei ***Mosel-Kanutours*** Kanus gemietet werden. Der Weg zum Bahnhof ist nicht weit.

Nördlich des Bahnhofs tritt der *Kaiser-Wilhelm-Tunnel* (1877) aus dem Berg. *Bis 1988 war er mit 4.205 Metern der längste Eisenbahntunnel Deutschlands.*

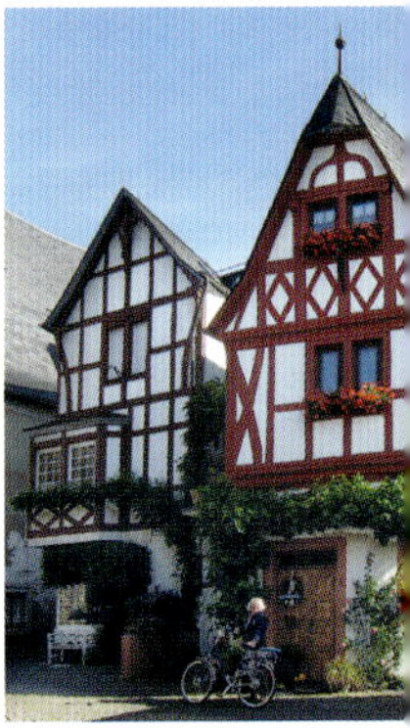

Viele gut erhaltene *Fachwerkhäuser* (15.-18. Jh.), Reste der einstigen *Stadtmauer* des 14. Jh. sowie der prächtige spätgotische *Glockenturm* der kath. *Pfarrkirche St. Martin* zeugen von der einstigen Blüte des Winzerortes.

km 71,8

Campingplatz Zum Feuerberg
(02675) 701

Gut einen Kilometer weiter flussabwärts befindet sich der *Campingplatz Zum Feuerberg*. Hier kann unterhalb des Gebäudes an einem kleinen Steinstrand angelandet und übernachtet oder sich im Imbiss gestärkt werden.

Wir lassen Ediger-Eller hinter uns und passieren die *Insel Taubengrün*, rechts von uns im gleichnamigen **Naturschutzgebiet** an einem Mosel-Altarm gelegen. ***Der Altarm darf nicht befahren werden!***

Calmont-Klettersteig & Höhenweg (7 km, 4-5 h): Mit einer durchschnittlichen Steigung von 65 Grad auf 380 Meter Höhe, setzt der Calmont *Trittsicherheit & Schwindelfreiheit* voraus.

Der Alpenverein errichtete den ***Klettersteig*** zwischen **Bremm** und **Ediger-Eller.** Der vorbildlich markierte und mit Schautafeln, die Infos über die naturkundlichen Besonderheiten geben, versehene schmale Fußpfad hat eine Länge von rund ***3,5 km (ca. 2:30 h).*** Er wurde mit 6 Leitern, rund 100 Metern Sicherungsseilen, 22 Trittbügeln und 16 Trittstiften abgesichert und begehbar gemacht. Weniger Wagemutige *(die aber trittsicher sind)* können die Landschaft auch nur vom ***Calmont-Höhenwanderweg*** aus genießen.

Das Abenteuer beginnt hinter der Eisenbahnbrücke in **Ediger-Eller**. Klettersteig bis zum Abzweig Gipfelkreuz, dann zum Gipfelkreuz und anschließend den Höhenweg über den Bergkamm zurück nach Edinger-Eller. „Einstieg" auch in **Bremm** am Moselufer möglich. *Faltblatt bei der Tourist-Info.*

km 69

Am linken Ufer liegt **Nehren** mit seinem großen *Campingplatz. Die beiden römischen Grabkammern oberhalb des Ortes sind bemerkenswert. Zwei schlicht rekonstruierte Schutztempel sind oben in den Weinbergen unterhalb des Waldes zu erkennen. Die Reste der antiken Wandbemalung in der einen Kammer ist eine Rarität nördlich der Alpen.*

Campingplatz Nehren
(02673) 962 11 55

km 68,2

Gleich hinter der nächsten Straßenbrücke liegt am rechten Ufer der *Campingplatz Holländischer Hof* in **Senheim**, unmittelbar vor dem Moselhafen.

Unter Weinliebhabern ist das Weinmuseum des Weinguts Schlagkamp-Desoye mit seinen über 10.000 Winzer-, Küfer- und Weinbehandlungsgeräten weit über die Grenzen Senheims hinaus bekannt.

Camping Holländischer Hof
(02673) 46 60

km 67,8

Das 1067 erstmals urkundlich erwähnte **Senhals** liegt linksufrig vor einem Hügel und reicht mit seinen schönen Fachwerkbauten bis ans Moselufer. Im ruhigen Winzerdorf steht die sehenswerte, über 600 Jahre alte *Magdalenen-Kapelle* mit Fresken aus dem 15. Jh.

km 66,5

Die Mosel fließt weiter in nordwestliche Richtung. Das linke Ufer ist bewaldet, rechts steigen Weinberge empor. Bald erreicht man das unterhalb der Reben liegende ruhige **Mesenich**. Rechtsufrig bietet sich am Grünstreifen eine Anlandemöglichkeit, um im *Moselgasthof und Metzgerei Andries* zu übernachten – laut „Feinschmecker" eine der besten Metzgereien Deutschlands.

Moselgasthof & Metzgerei Andries
(02673) 45 78

km 66

Family Camping
(02673) 45 56

Der am Ende des Ortes liegende *Family Camping* ist nicht auf durchreisende Kanufahrer eingestellt. Wer lange im Voraus gebucht hat, um einige Nächte hier zu verbringen, kommt in den Genuss des platzeigenen Schwimmbades.

Mesenich wäre von der Pest fast ausgelöscht worden. Gerade einmal neun Menschen zählte der Ort 1315 noch. Als Dank dafür, dass sie dem schwarzen Tod entgangen waren, errichteten sie das Kehrhäuschen-Pesthäuschen, eine kleine Kapelle, die heute noch erhalten ist.

km 63,5

Pension Mosellablick
(02673) 90 02 49

Weinhaus Lenz & Pension
(02673) 16 59

Wir paddeln in die nächste Flussschleife, die in weitem Schwung nach Osten führt. Der Weinort **Briedern** war einst ein wichtiger Schiffbauort. *Familienbetriebe fertigten schwere, hölzerne Lastkähne für den Frachttransport auf der Mosel. Der Kahn im Dorfwappen erinnert noch an diese Zeit. Wahrzeichen des Ortes ist die Servatiuskirche, deren gotischer Turm vermutlich um 1275 entstand. Die Kirche war, ebenso wie der dem heiligen Servatius geweihte Brunnen, häufig Ziel von Wallfahrten.*

km 62,5

Am Ufer liegt links am Fuße einer sanft ansteigenden Landzunge der offizielle Anleger von **Poltersdorf,** der kleinere Part des Doppelortes **Ellenz-Poltersdorf**.

km 61,5

Campingplatz Happy Holiday
(02673) 12 72

Gleich hinter dem Ort folgt linksufrig der *Campingplatz Happy Holiday* mit mehreren kleinen Anlegestegen. Vom Platz aus hat man einen tollen Blick auf das gegenüberliegende Beilstein, das mit einer *Drahtseilfähre (ca. Ostern-Okt 9-12 +13-18)* schnell erreicht ist. Wer inmitten von Weinbergen schwimmen möchte, erreicht das beheizte *Freibad Ellenz-Poltersdorf* zu Fuß den Hang hinauf. Noch höher führt der *Weinlehrpfad* der Gemeinde zu lohnenden Aussichtspunkten oberhalb der Moselschleife.

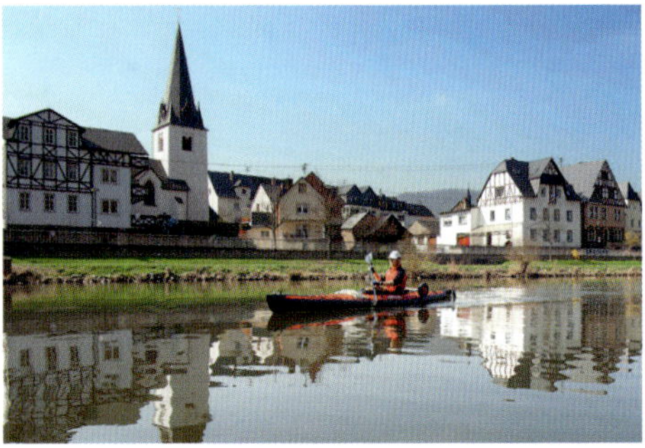

Briedern erinnert mit dem Kahn im Dorfwappen bis heute an seine Bedeutung als Schiffbauort

Das kleine hübsche Winzerdorf **Beilstein**, leider ohne eigenen kanutauglichen Anleger, jedoch mit der zuvor genannten Fähre zu erreichen *(neben der Fähre kann man anlegen)*, ist der Inbegriff von Moselromantik. „Perle des Moseltals" oder „Dornröschen der Mosel" wird der als Gesamtensemble unter Denkmalschutz stehende Ort genannt.

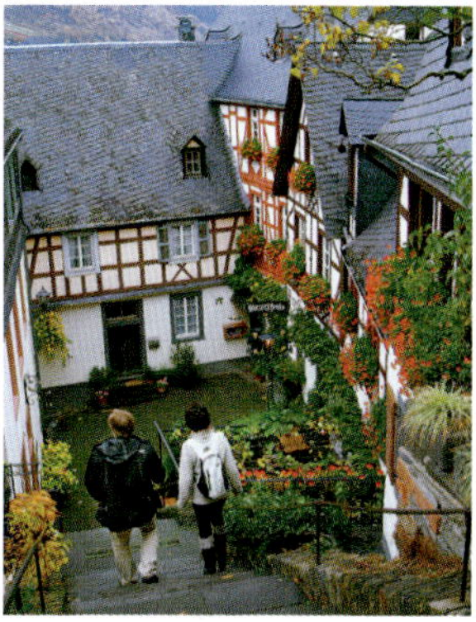

Verwinkelte Gassen und die Klostertreppe von Beilstein

Lange nur über den Wasserweg erreichbar und heute noch fern jeder Hauptstraße, weiß der kleine Ort zu gefallen. Über die *Klostertreppe*, einst finanziert über eine Treppensteuer, geht es hinauf zur barocken *Klosterkirche St. Joseph* (1691 bis 1738).

Das Gnadenbild „Wunderbare Schwarze Madonna" entstand im 12./13. Jh. in Spanien. Nach dem Dreißigjährigen Krieg ließen die Spanier sie am Ende ihrer kurzen Herrschaft über Beilstein zurück. Neben dem hübschen, klitzekleinen *Marktplatz* von 1322 steht das *Winneburger Zehnthaus* von 1577. Das Bruchsteingebäude zählt zu den architektonischen Glanzlichtern an der Mosel.

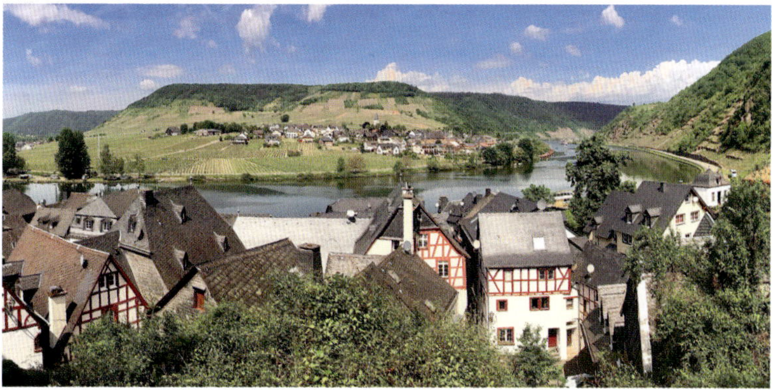

Über allem thront die *Burgruine Metternich. Die Burg aus dem 15. Jh. befand sich ab 1637 im Besitz des Freiherrn von Metternich, wurde jedoch 1689 gesprengt. Zwischen den reizvollen Gebäuden lief und läuft immer noch so mancher „Star" durch die engen Gassen. Curd Jürgens etwa, in der Rolle als Räuber Johannes Bückler im Spielfilm „Schinderhannes" (1958) nach dem Roman von Carl Zuckmayer.*

Burg Metternich
(02673) 936 39
Apr-Okt 10-18

km 60,5 Vor der nächsten Staustufe liegt links **Ellenz,** *das alte Rathaus mit seinen schönen Dachgiebeln trägt eine Inschrift von 1541 und besitzt auf der Rückseite noch ein altes Backhaus.* Auch hier finden sich, wie in Poltersdorf, eine Reihe charakteristische Höfe wie der *Kasseler Hof,* das *Haus Schonsten* und das *Warsburger Burghaus (1480).*

Oberhalb von Ellenz liegt die um 1200 errichtete alte Pfarrkirche St. Martin, die 1905 durch die neue, auch St. Martin geweihte Pfarrkirche am Ortsausgang Richtung Poltersdorf ersetzt wurde. Am Moselufer befindet sich die St. Sebastianuskapelle von 1624.

km 59,5 Die *Staustufe Fankel* haben wir schnell über die Bootsgasse überwunden.

Fankel
(02671) 916 78-21
SB-Schleuse
+Bootsgasse
s. Detailskizze 9
Seite 79

Hier beginnt der alte Weinort **Fankel** am rechten Ufer. Die *Brunnenstraße*, die das älteste zusammenhängende Fachwerkensemble im Moselraum beherbergt, bringt uns vom Ortsrand hinauf zum *Rathaus* (16. Jh.). Der Anstieg führt hinter einem Torbogen zur linkerhand liegenden gotischen katholischen *Pfarrkirche Mariä Himmelfahrt* (1385) mit barocker Innenausstattung.

km 58,4 Auch das größere und ältere **Bruttig** hat eine ganze Reihe schöner alter Fachwerkhäuser. *Den Geist des Weines und des Humanisten Petrus Mosellanus (1493-1524) preist der Brunnen auf dem Vorplatz. Der zu den drei großen Moselhumanisten zählende, wurde in Bruttig geboren.*

Campingplatz
Bruttig-Fankel
(02671) 91 54 29

Direkt an der Mosel steht das *„Schunksche Haus“,* ein aus verputztem Bruchstein errichteter Renaissance-Bau (1656) mit zwei schönen Voluten-Giebeln.

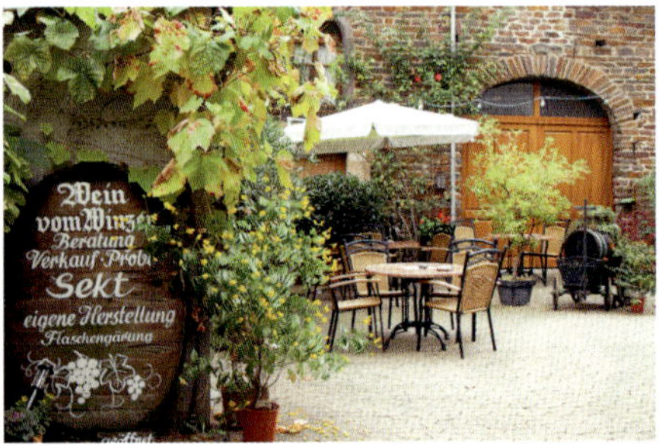

Ernst ist vom Weinbau geprägt. Wie hier, finden sich zahlreiche Möglichkeiten zur Einkehr.

Nördlich von **Bruttig-Fankel** führt eine Brücke über die Mosel. Über diese erreichen heute die Winzer aus **Ernst** (**km 56** am linken Ufer) ihre Weinberge.

Früher nutzten sie dazu Nachen, traditionell aus Eiche gefertigte Fährkähne, seit 1903 dann eine richtige Fähre.

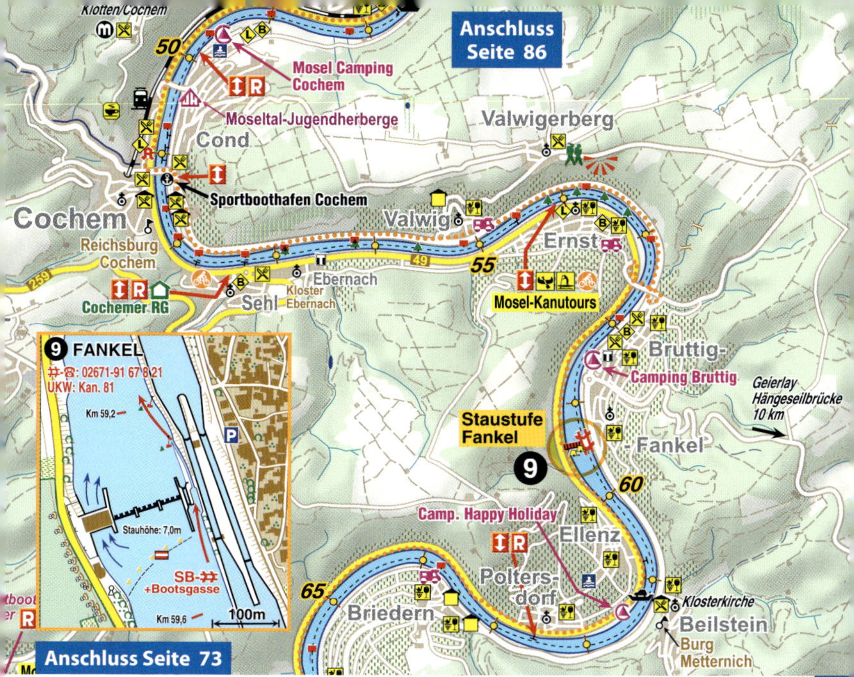

Aus der Reihe stattlicher Winzerhäuser im Weinort ragen zwei schlanke Doppeltürme hinaus. *Der preußische Bauinspektor Johann Claudius von Lassaulx ließ die dazugehörige Pfarrkirche St. Salvator 1846 im neoromanischen Stil fertigstellen.*

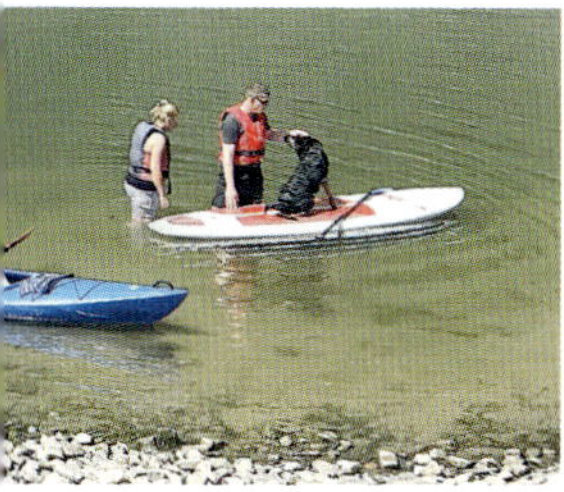

km 55,9

Mosel-Kanutours
(02671) 55 51

Am Flussufer neben der Kirche befindet sich die Kanustation von *Mosel-Kanutours* mit großer Uferwiese, die zum Sonnenbaden einlädt. Die Betreiber vermieten neben Kanus und SUPs auch Fahrräder und E-Bikes.

km 54,9

Auch im historischen Winzerdorf **Valwig,** gegenüber auf der verkehrsärmeren Moselseite gelegen, war am sonnigen Südhang Bauinspektor Lassaulx aktiv. *Die 1824 als erster neoromanischer Sakralbau des Rheinlands erbaute Pfarrkirche St. Martin, ist ein Natursteinbau mit weithin sichtbarer Turmnadel.* Das Dorf weiß darüber hinaus mit schönen Naturstein- und Fachwerkhäusern sowie dem *Schulhaus mit Ratssaal* (16. Jh.) zu gefallen. Eine Serpentinenstraße mit herrlichen Aussichtsplätzen führt hoch zum Ortsteil **Valwigerberg** mit *Walfahrtskirche* (13. Jh).

Die steilen Terrassenweinberge, die hinter Valwig emporsteigen, locken Naturliebhaber. In den Steinmauern leben Smaragd- und Mauereidechsen, über den Reben kreisen Turmfalken und Zippammern zirpen, selbst den

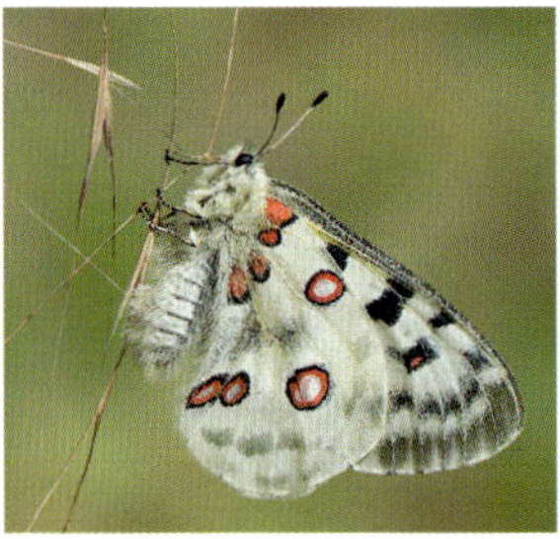

selten gewordenen ***Apollo-Falter*** gibt es hier. *Mit gut sieben Zentimetern Spannweite gehört er zu den größten heimischen Tagfaltern. Das unter Naturschutz stehende weiße Tier ist auffällig mit schwarzen Flecken und rot gefüllten Ringen gezeichnet. Etwa 80 Prozent aller Weinberge an der Untermosel werden heute ohne Insektizide bewirtschaftet, was zur Erholung der einst durch Pestizideinsatz stark dezimierten Population geführt hat.*

Zwischen **Valwig** und **Cochem** verläuft der ***Apollo-Wanderweg,*** an dem die grazilen Tiere (vor allem im Juni und Juli) zu sehen sind. Die ***sechs Kilometer*** lange Wanderung mit beeindruckenden Ausblicken startet an der über hundertjährigen Kastanienallee an der Valwiger Moselpromenade *(Festes Schuhwerk!)*.

km 51,8

Reichsburg Cochem
(02671) 255
Burgführung Mär-Okt tgl. 9-17 sonst 10-15

Am linken Ufer begeistert der Anblick der mehr als 100 Meter über der Mosel auf einem Berg thronenden ***Cochemer Reichsburg*** – ein Symbol deutscher Burgenromantik. *Pfalzgraf Ezzo soll um das Jahr 1000 die Burg Cochem gebaut haben. König Konrad III. ließ sie 1151 mit Burgmannen besetzen und brachte sie somit in seine Gewalt. Fortan war die Burg Reichsburg, kam 1294 unter trierische Herrschaft und*

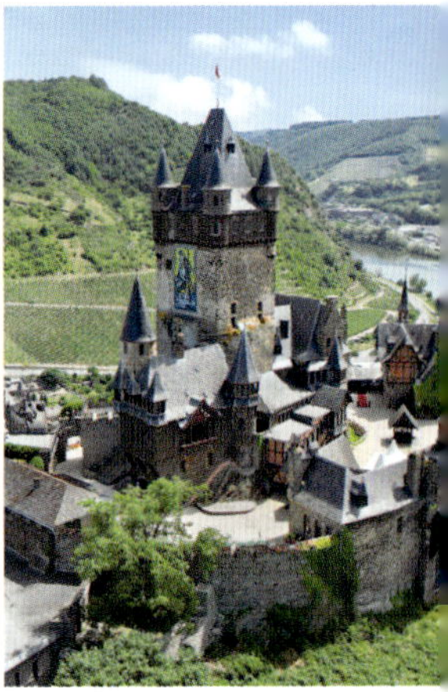

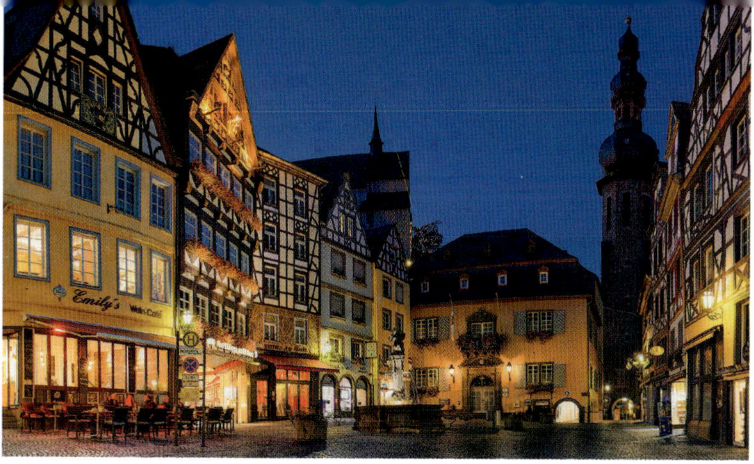

Der von hübschen Fachwerkhäusern umstandene Marktplatz inmitten von Cochem

wurde zur starken Festung ausgebaut. Von den ins Moseltal eindringenden Truppen des französischen Sonnenkönigs Ludwig XIV. wurde sie 1688 besetzt, in Brand gesteckt und gesprengt. Auch fast die komplette Stadt Cochem fiel der Zerstörung der französischen Truppen zum Opfer. Der Berliner Kaufmann und spätere Geheime Kommerzienrat Louis Ravené kaufte 1868 Grundstück und Ruine der Burg für 300 Goldmark. Er ließ die Reichsburg im neugotischen Stil wieder aufbauen, wobei die Reste des spätgotischen Bauwerkes als feste Bestandteile erhalten blieben.

km 51,3

Kurz vor der Straßenbrücke geht es rechts in den Yachthafen von **Cochem**. Am Ende des Beckens ist eine Slipbahn, die jedoch ziemlich rutschig ist. Gleich oberhalb des Hafens sind mehrere Restaurants und Cafés. Von einer der Sonnenterrassen hat man einen tollen Blick auf die Uferpromenade Cochems und die Reichsburg.

km 50,5

DJH Cochem
(02671) 86 33

km 49,9

Mosel Camping Cochem
(02671) 44 09

Praktikabler ist es, an dem am rechten Ufer gelegenen Stadtteil **Cond** entlangzupaddeln, vorbei an der an der nächsten Straßenbrücke gelegenen *Jugendherberge (nächster Weg zum Bahnhof)*, und beim Campingplatz *Mosel Camping Cochem* anzulanden. Von dort kann man gut zu Fuß dem eineinhalb Kilometer entfernten Cochem einen Besuch abstatten. Das *Erlebnisbad* mit Hallen-, Wellen- und Freibad liegt direkt hinter dem Campingplatz.

Blick auf Cochem

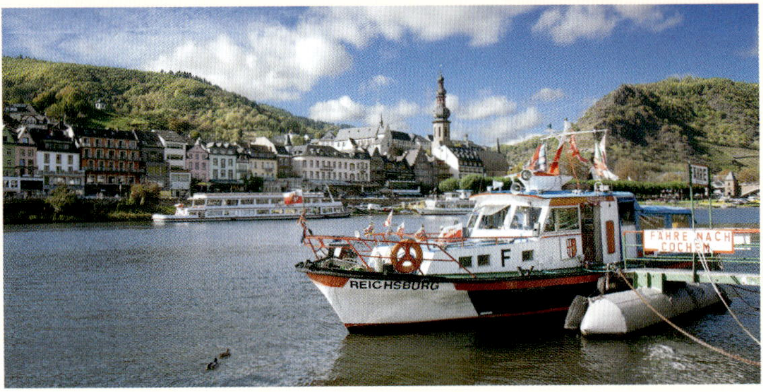

Die bunt beflaggte Fähre als Alternative zur Moselbrücke

Das an der Mündung der Endert (Enderbach) gelegene Cochem war erst keltisch, dann römisch besiedet und taucht 886 erstmals in einer Urkunde auf. Seit 1332 Stadt, lockt Cochem heute jährlich mehr als 1,5 Millionen Tagesgäste an. Die Wunden des Zweiten Weltkrieges wurden erfolgreich behoben und so präsentiert sich Cochem mit viel historischer Bausubstanz in Form schöner Fachwerkhäuser. Diese findet man vor allem am Markt mit seinem Brunnen, dem barocken Rathaus und den netten Nebengassen. Das alte Kapuzinerkloster von 1623 dient heute als Kulturzentrum.

Einige wichtige Bauten der mittelalterlichen Stadtbefestigung sind ebenfalls erhalten, etwa das Enderttor, das Balduinstor und das Mäusetor an der Mosel, das ein Zoll-(Maut-)tor war. Ferner die Bachgassenpforte und die Kirchgassenpforte.

Die nördliche Einfahrt in den 1877 eröffneten Kaiser-Wilhelm-Eisenbahntunnel befindet sich an der Endertstraße. Ganz in der Nähe startet eine Sesselbahn hinauf auf den Pinnerberg (benannt nach einem dort abgestürzten Schäfer) mit Ausflugslokal und dem Aussichtspunkt Pinnerkreuz. Über Wanderwege gelangt man wieder hinunter in die Stadt (www.cochemer-sesselbahn.de).

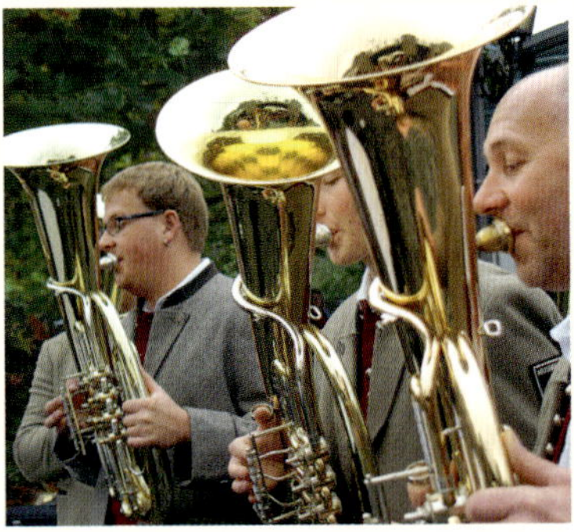

Volkstümliche Blasmusik an der Mosel

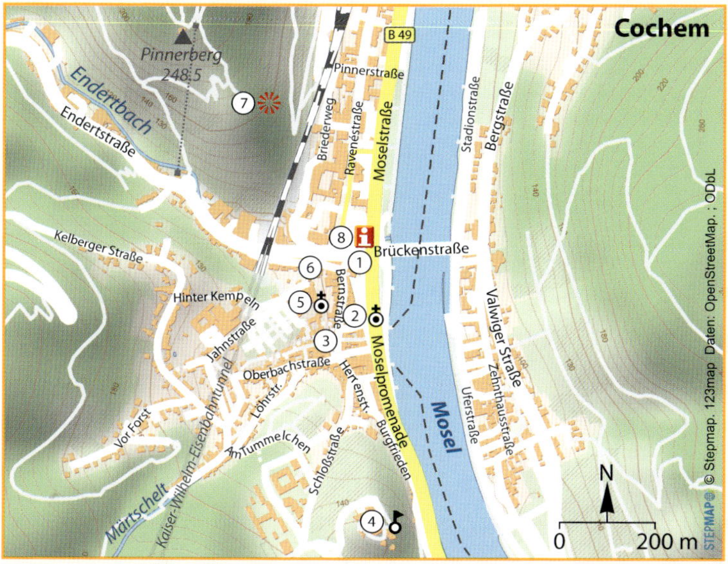

① ***Bockbrunnen*** illustriert die Geschichte in der ein Ziegenbock bestraft werden sollte, der Trauben des Riesling gefressen hatte.

② ***Katholische Pfarrkirche St. Martin.***

③ ***Rathaus*** (1737) und der alte ***Marktplatz mit Martinsbrunnen.***

④ ***Reichsburg Cochem*** 1130 erstmals urkundlich erwähnt, *Schloßstraße 36, Führungen Sommer tgl. 9-17, ca. 7 €,* www.reichsburg-cochem.de

⑤ ***Kapuzinerkloster*** erbaut von 1625 bis 1628. Das Portal an der Westfront stammt aus dem 15. Jh.

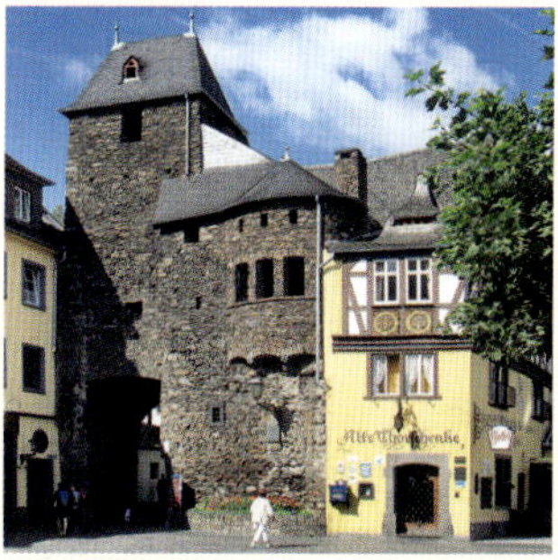

⑥ ***Enderttor*** von 1332, das mächtigste der drei noch erhaltenen Stadttore.

⑦ ***Pinnerkreuz*** liegt an einem der schönsten Aussichtspunkte über Cochem.

⑧ ***Lebensbaum der Stadt Cochem*** rekapituliert in einer Art Patchwork Stationen der Stadtgeschichte.

Tourist-Info Ferienland Cochem, Endertplatz 1, 56812 Cochem, Tel. (02671) 600 40, www.cochem.de und www.ferienland-cochem.de

Etappe 3 – Von Cochem nach Koblenz

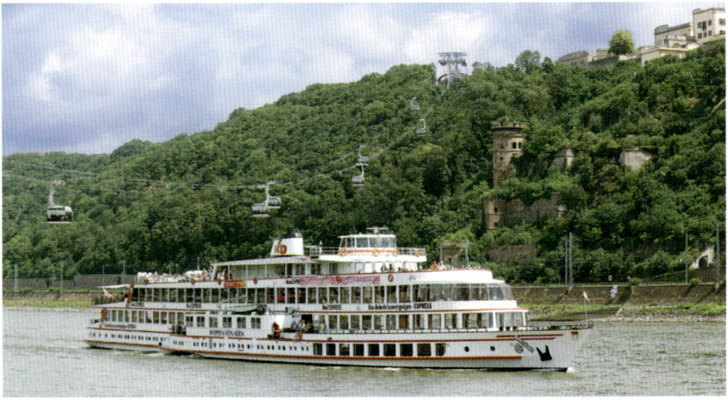

Die Seilbahn führt hinauf zur Festung Ehrenbreitstein – toller Panoramablick auf Koblenz inklusive

Einsetzstelle km 49,9
Freizeitzentrum Mosel Camping Cochem, Stadionstr. 11, am östlichen Flussufer, 56812 **Cochem**

Aussetzstelle km 0,2
Campingplatz Rhein-Mosel, Schartwiesenweg 6, 56070 **Koblenz**

Länge & Dauer der Etappe
ca. 50 km, 3 Tage

Hindernisse

1 Schleuse mit Bootsgasse
Schleuse Müden

1 Schleuse mit Bootsschleppe
Schleuse Lehmen

1 Schleuse mit Umtragestelle
Schleuse Koblenz

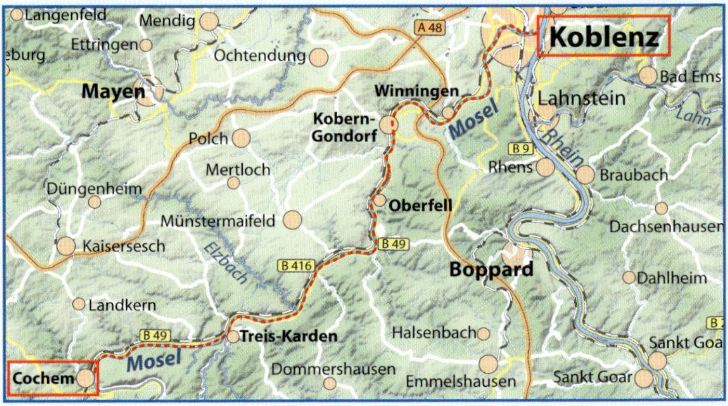

Unterhalb von **Cochem** fließt die Mosel weniger windungsreich als bisher Richtung Koblenz. Fortan sieht man mehr brachliegende Weinberge, vor allem die Zahl der Nebenerwerbswinzer nimmt auch an der Mosel ab.

Wir passieren **Klotten** am linken Ufer. Der große Winzerort wird überragt von Weinbergen und der ***Burgruine Coraidelstein*** auf dem Kegelberg. *Die Burg wurde um 960 vom Pfalzgrafen Herrmann I. gegründet und überstand erstaunlicherweise die Reunionskriege. Nach 1830 wurde sie zur Ruine und wird heute als Künstleratelier genutzt.*

km 47,6

Hotel Ley
(02671) 71 01

Mit einer der letzten Seilschleppfähren der Mosel, der ***Fähre Klotte*** *(an der Rampe kann angelandet werden)*, gelangt man von ca. Ostern bis Ende Oktober *(aktuelle Zeiten auf www.klotten.de)* ans gegenüberliegende Ufer und damit direkt ins Grüne. Der Wald des vogelreichen ***Naturschutzgebietes Pommerheld*** reicht bis an den Fluss und bietet sich für herrliche Wanderungen an.

Fähre Klotten
10-13 + 14-17/18
Do Ruhetag

Vom ***15.10.-31.3.*** darf aus Naturschutzgründen von ***km 47 - km 43,5*** **nur mit einem Abstand von mind. 40 Metern zum rechten Ufer gefahren werden.** Die Wasserfläche näher am Ufer zu befahren ist verboten.

km 47 - 43,5

Abstand zum rechten Ufer!

Bei ***km 45*** befindet sich zudem ein ***Parallelwerk***, zwischen diesem und dem südlichen Moselufer darf ebenfalls nicht gepaddelt werden, auch darf nicht links des Parallelwerks angehalten werden. Das Parallelwerk regelt die Strömungsgeschwindigkeit und sorgt für einen gleichmäßigen Geschiebelauf auf dem Grund des Flusses.

km 45

Nicht zwischen Parallelwerk und rechten Ufer fahren!

Wir halten uns daher ans linke Ufer und paddeln am längsten Südhang der Mosel entlang, vorbei am einen Kilometer unterhalb von Klotten liegenden ***Naturschutzgebiet Dortebachtal,*** ein alpin anmutendes

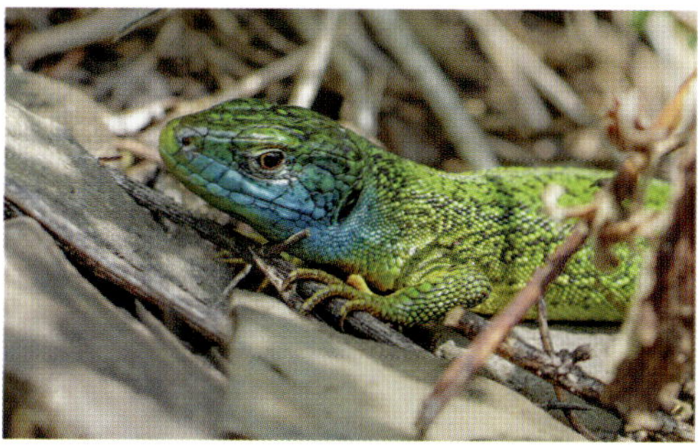

Sogar Smaragdeidechsen gibt es im NSG Dortebachtal

km 46,5

Erosionstal mit seltener Tier- und Pflanzenwelt von besonderer Schönheit. Es kann von der Bundesstrasse 49 *(Hinweisschild)* bis zum Wasserfall begangen werden. Wer das Tal in seiner Gesamtheit kennenlernen möchte, der sollte die steilen Serpentinen zum ***Moselhöhenweg*** wählen.

km 42,8

Campingplatz Pommern
(02672) 24 61

Der Winzerort **Pommern** kündigt sich durch seinen großen *Campingplatz Pommern* (mit Pool) mit mehreren kleinen Stegen an. Im Ort mündet der *Pommerbach*, der nahe Kaisersesch in der Eifel entspringt.

Archäologiepark Martberg
frei zugänglich
Tempel & Café
Sa+So 11-17

Durch Weinberge gelangt man zu Fuß hinauf zur gallorömischen Tempelanlage der Treverer auf dem Hausberg ***Martberg***. *Vom keltischen Oppidum (2. Jh. v. Chr.) entwickelte sich die Anlage zur gewaltigen Festung, die Cäsar in seinem Buch über den Krieg in Gallien ausführlich beschrieb. Diese Entwicklung ist im frei zugänglichen* ***Archäologiepark Martberg*** *nachzuvollziehen (Öffnungszeiten Lenus-Mars-Tempel und Martberg-Café Mai-Okt Sa+So 11-17).*

Doch **Pommern** hat noch mehr zu bieten. Das ehemalige erzbischöfliche *Burghaus*, ein Wohnturm, der nach

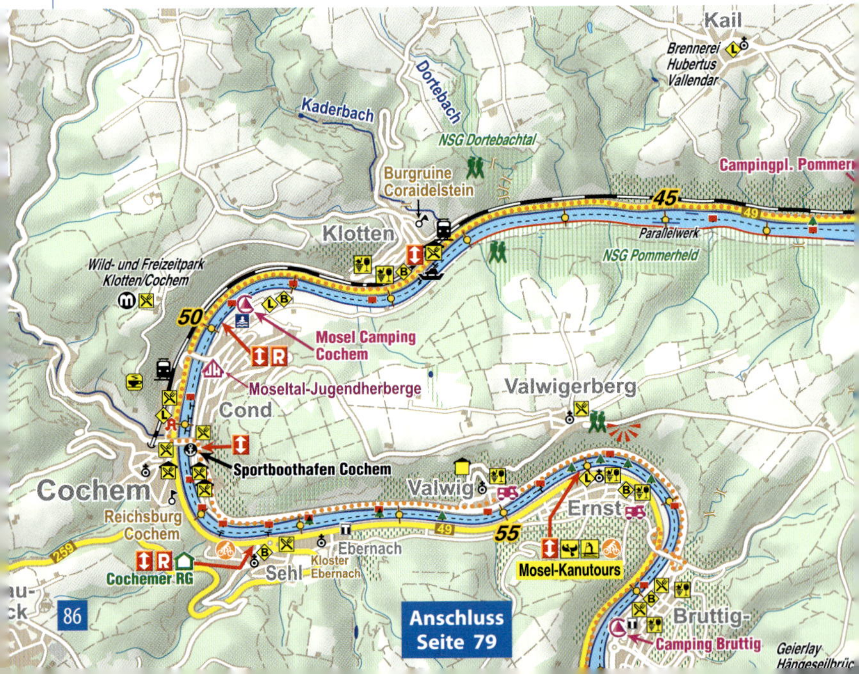

Anschluss Seite 79

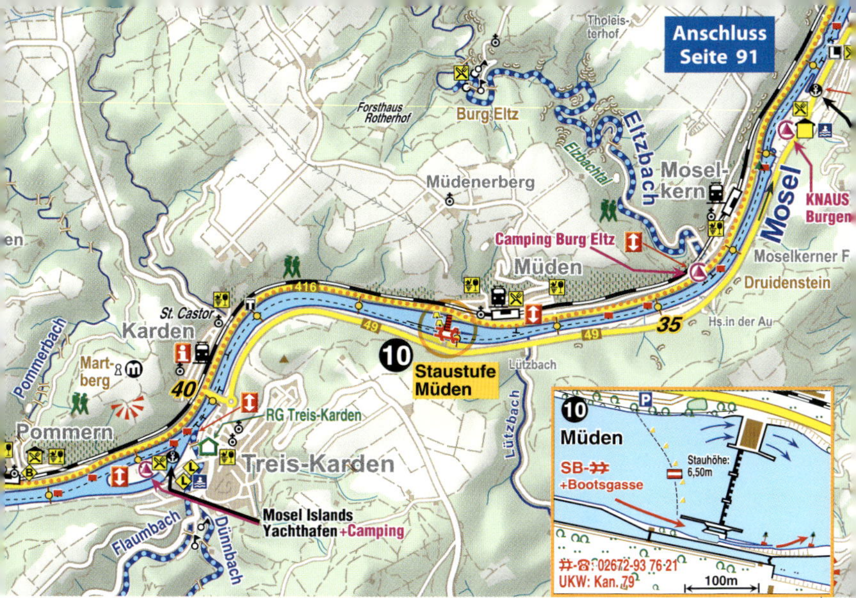

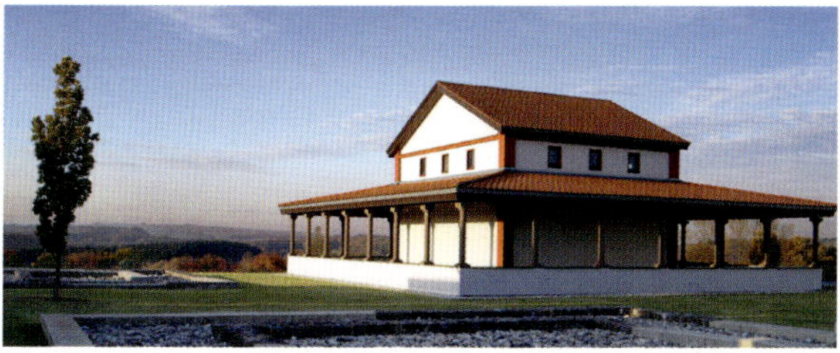

Im Zuge der Christianisierung um 400 n. Chr., wurde der ausgedehnte Tempelbezirk auf dem Martberg aufgegeben. Hier verehrten die Treverer, ein Volksstamm der Kelten, den Gott Mars Lenus.

1414 entstand, etwa. Ebenso den ehemaligen *Himmeroder Hof* (ab 15. Jh.), das *Pfarrhaus* mit klassizistischem Außenportal neben der *Pfarrkirche St. Stephan* (15. Jh.) mit separatem frühgotischem Turm.

Vor uns taucht die *Flussinsel Pommerer Werth* auf. An der westlichen Spitze kann gleich angelandet werden. Die Zeltwiese des *Campingplatzes Mosel-Islands* liegt oberhalb des Steinstrandes. Das *Spiel- und Spaßbad Treis-Karden* befindet sich ca. 500 Meter entfernt. Rechts der Insel kann man nicht durchpaddeln. Der Verbindungsdamm durch den dortigen Yachthafen ist zu niedrig. Einen Anlegesteg gibt es ein paar Hundert Meter flussabwärts bei der Rudergesellschaft **Treis-Karden**.

km 41,5

Campingplatz Mosel-Islands
(02672) 26 13

km 40,3

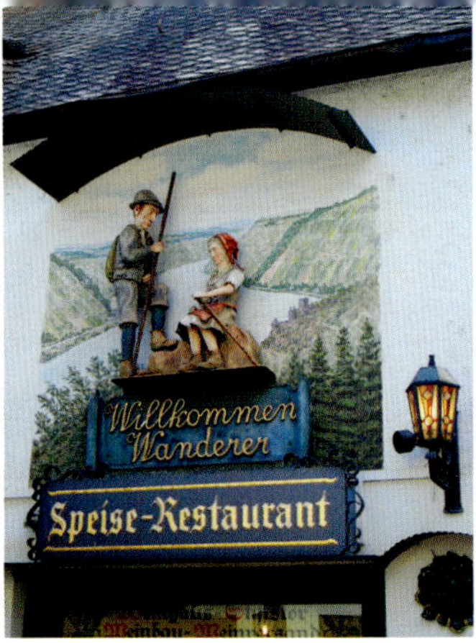

Kunstvolle Wirtshausschilder . . .

Dort, wo die beiden aus dem Hunsrück kommenden Bäche *Flaumbach* und *Dünnbach* im Ortsteil **Treis** einen Bergsporn umfließen, stehen zwei Burgen. *Die Ruine der aus der zweiten Hälfte des 11. Jh. stammenden* ***Burg Treis*** *(Bergfried der offenen Ruine kann bestiegen werden) und wenige hundert Meter oberhalb die jüngere* ***Wildburg****, die in Privatbesitz ist. Unterhalb der Wildburg befindet sich am Flaumbach die historische* ***Wildburgmühle*** *(heute Ferienwohnungen). Sie wurde schon in mittelalterlichen Urkunden erwähnt.*

km 40 Die Straßenbrücke der B49 verbindet den Ortsteil **Treis** mit dem am linken Ufer liegenden **Karden**. Hier ist auch der Bahnhof **Treis-Karden**.

km 39,3 *Im Mittelalter entstand das wichtigste Bauwerk im Ort Karden – die Kirche St. Castor, der „Moseldom" (ab dem 12. Jh.), mit seiner Kombination romanischer und frühgotischer Bauelemente. Die Kirche wird umgeben vom ehemaligen Stiftsbezirk, der historisch bedeutendste Teil von Karden.*

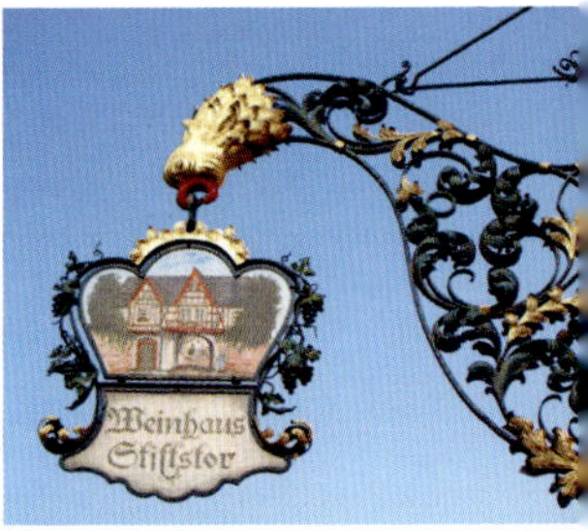

. . . laden zur Einkehr

km 37,1 Wir kommen zur Staustufe Müden. In der Saison kann selber geschleust oder die Bootsgasse befahren werden (sonst umtragen).

Müden
(02672) 93 76-21
SB-Schleuse
+Bootsgasse
s. Detailskizze 10
Seite 87

km 36,5 Im Unterwasser links liegt **Müden** *(unterhalb des Bahnhofs anlegen am Ufer möglich)*, das trotz erster urkundlicher Erwähnung vor gut 1.400 Jahren schon viel früher besiedelt war. *Für das Transportwesen an der Mosel hatten die „Halfenhäuser" große Bedeutung, machten hier doch die Moselschiffer/Treideler mit ihren Pferden Rast. In der ehemal. Halferschänke von 1564 in der Moselstraße befindet sich heute das „Restaurant-Café im Halfenhaus".*

Der ***Buchsbaum-Wanderpfad*** führt auf ***4,1 Kilometer*** Länge entlang der größten wilden Buchsbaumbestände nördlich der Alpen von **Müden** nach **Karden**.

Wer die ***Burg Eltz*** sehen möchte, sollte am *Campingplatz Burg Eltz* vor **Moselkern** an der Mündung des 56 Kilometer langen *Elzbaches* anlanden.

km 34,3

Campingplatz Burg Eltz
(02672) 913 58 61

Durch das wildromantische ***Elzbachtal*** erreicht man nach ca. ***5 Kilometern*** die nie zerstörte ***Burg Eltz*** (9./10. Jh.), die lange Zeit den 500-D-Mark-Schein zierte. Sie steht auf einem steilen Felskegel über dem Tal. *Die befestigte Wohnanlage wurde 1268 unter drei Nachkommen aufgeteilt und jede Linie baute fortan im engen Burgbereich ihr eigenes Anwesen aus. So kam es zu der dichten Bebauung mit acht spitzen Türmen und einer Vielzahl von Erkern und anderen Elementen.*
Die Burg Eltz ist eine der schönsten sowie besterhaltensten Burgen Deutschlands.

Burg Eltz
(02672) 95 05 00
Apr-Okt tgl. 9.30-17

Oberschanke & Unterschänke
tgl. 10.30-16.30

Moselkern ist wegen des 1915 gefundenen *Merowinger-Kreuzes* aus dem siebten Jh., das als früheste Darstellung des gekreuzigten Christus nördlich der Alpen gilt, bekannt. Die Pfarrkirche wird vom 800 Jahre alten Turm mit romanischen Zwillingsfenstern dominiert. Das *Moselkerner Rathaus* (1535) gilt als Musterbeispiel moselländischen Fachwerkbaus und ist das älteste Rathaus an der Mosel.

km 33,5

Gegenüber des Ortes ragt der *Druidenstein* steil über den Fluss, auf dessen Höhe schon vor der römischen Zeit ein keltisches Heiligtum gestanden haben soll.

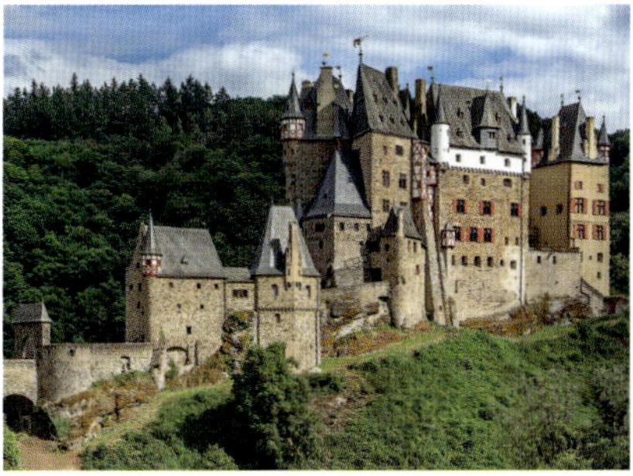

Burg Eltz – eine der schönsten und besterhaltensten Burgen Deutschlands

In nördlicher Richtung folgt nun ein Moselabschnitt mit bester Infrastruktur für Paddler. Der *KNAUS Campingpark Burgen* mit zugehöriger Marina „Laguna" am Ortseingang von **Burgen** am rechten Ufer hat gar einen eigenen Pool. Hier kann man auch im Campingfass nächtigen.

km 32,9

Knaus Camping Burgen
(02605) 95 21 76

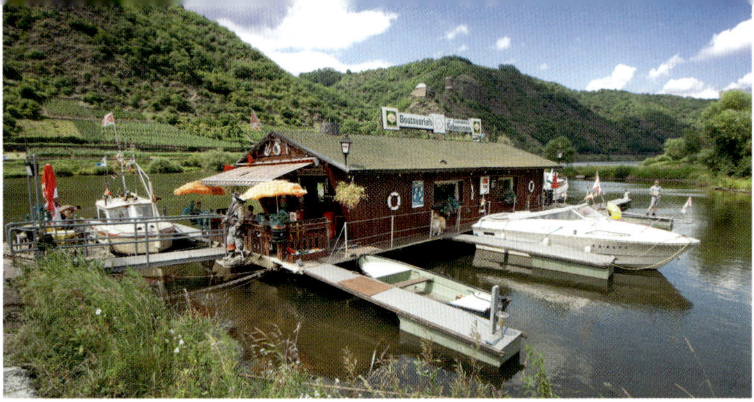

„Zum Klabautermann" – Restaurant am ehemaligen Fähranleger

km 31,8

Bootsgaststätte + Ferienhaus Zum Klabautermann
(02605) 21 23

An der ehemaligen Fährstelle hinüber zur Burg Bischofstein liegt die *Bootsgaststätte Zum Klabautermann* auf einem Schwimmsteg. Eine gemütliche Lokalität für eine Rast zwischen maritimem Schnickschnack. Die Betreiber bieten auch Übernachtung im Ferienhaus an.

Mit Blick auf die am linken Ufer gelegene ***Burg Bischofstein,*** *die im 16. Jh. zerstört und erst im 20. Jh. wieder als Schullandheim aufgebaut wurde,* paddeln wir an **Burgen** entlang. Am Ende des Ortes liegt der sympathische *Camping Burgen* mit Beachclub und kleinem Pool *(besonders für Kinder geeignet)*. Es werden neben kleinen Moselhütten zum Übernachten auch Kanu, SUPs und Fahrräder an Campinggäste vermietet.

km 31

Camping Burgen
(02605) 23 96

Der Ort Burgen am Baybach mit seinen verwinkelten, romantischen Gassen im historischen Ortskern, tauchte 928 erstmals in einem Schriftstück auf, Fundstücke belegen allerdings die Besiedlung schon durch Kelten und Römer. Ein reizvoller *Wanderweg* führt von hier zum romantischen *„Druidenstein"* gegenüber von Moselkern.

km 29,5

Sonnenwerth
(02605) 21 51

Voraus taucht die *Campinginsel Sonnenwerth* auf. Der Camping liegt auf der *Insel Hatzenporter Werth*, an der wir rechts vorbeipaddeln.

km 28,5

500 Meter weiter liegt am linken Ufer die Ein- und Ausstiegstelle von **Hatzenport**. Zwischen Mosel und Weinbergen liegt der malerische Ort, der sich hervorragend als Ausgangspunkt toller Wanderungen eignet.

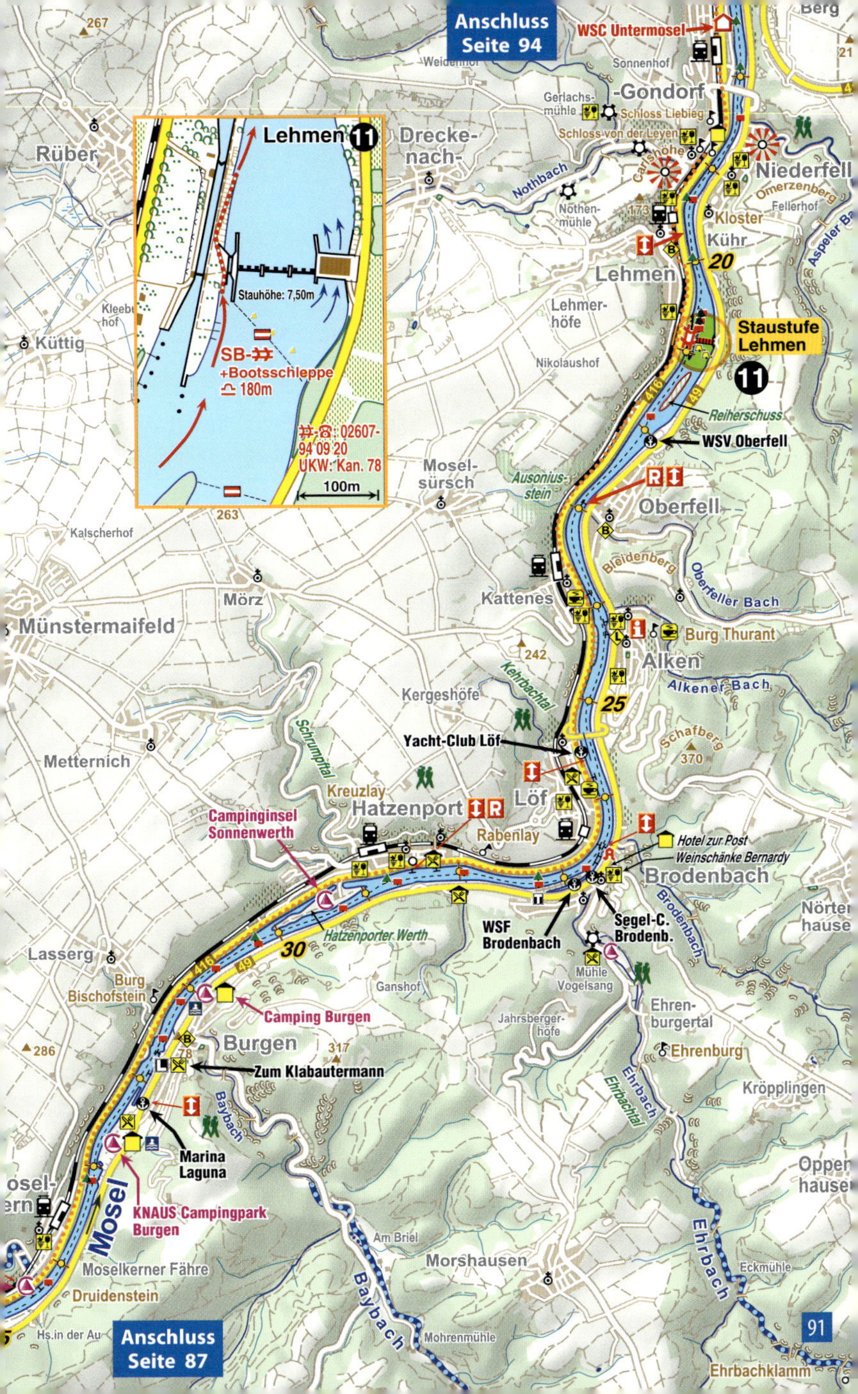
Anschluss Seite 94
WSC Untermosel
Gondorf
Sonnenhof
Weidenhof
Gerlachsmühle
Schloss Liebieg
Schloss von der Leyen
Niederfell
Omerzenberg
Fellerhof
Aspeler Bach
Dreckenach
Rüber
Nothbach
Nothenmühle
Kloster
Kühr
20
Lehmen
Lehmerhöfe
Staustufe Lehmen
11
Nikolaushof
Reiherschuss
WSV Oberfell
Oberfell
Ausoniusstein
Moselsürsch
Kleeberhof
Küttig
Lehmen 11
Stauhöhe: 7,50m
SB-
+Bootsschleppe
180m
02607-94 09 20
UKW: Kan. 78
100m
263
267
Kalscherhof
Mörz
Münstermaifeld
Kattenes
Bleidenberg
Oberfeller Bach
Burg Thurant
Alken
242
Alkener Bach
Kehrbachtal
Kergeshöfe
25
Schafberg
370
Yacht-Club Löf
Löf
Metternich
Schrumpftal
Kreuzlay
Hatzenport
Rabenlay
Campinginsel Sonnenwerth
Hotel zur Post
Weinschänke Bernardy
Brodenbach
Hatzenporter Werth
WSF Brodenbach
Segel-C. Brodenb.
Brodenbach
Nörtershausen
Lasserg
30
416
49
Burg Bischofstein
Ganshof
Camping Burgen
Mühle Vogelsang
Jahrsbergerhöfe
Ehrenburgertal
Ehrenburg
286
Burgen
317
78
Zum Klabautermann
Kröpplingen
Baybach
Ehrbachtal
Ehrbach
Marina Laguna
Oppenhausen
Moselkern
Mosel
KNAUS Campingpark Burgen
Am Briel
Morshausen
Eckmühle
Moselkerner Fähre
Druidenstein
Hs.in der Au
Anschluss Seite 87
Mohrenmühle
Ehrbachklamm

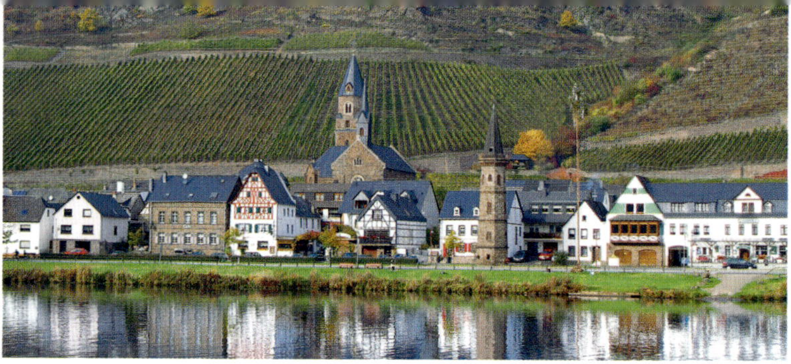

Napoleon soll Hatzenport eine Fähre geschenkt haben, nachdem er hier die Mosel überquerte. Der Grundstein zum Fährturm, dem heutigen Wahrzeichen, wurde 1863 gelegt.

Am Bahnhof **Hatzenport** kann man zur ***11,9 Kilometer*** langen ***Rundwanderung „Hatzenporter Laysteig"*** starten. Auf schmalen Pfaden, zum Teil mit Kletterpassagen *(gutes Schuhwerk!)* geht es durch die Weinberge hinauf zur Wetterstation (mit Infos zum Klima). Von ***Rabenlay*** und ***Kreuzlay*** hat man einen herrlichen Blick auf die Mosel. Durch einen Krüppeleichenwald und das stille ***Schrumpftal*** gelangt man zurück. Für Mutige lockt am Ende der Tour noch der spektakuläre ***Dolling-Kletterpfad***.

km 27,8 Wir gleiten langsam an der ***Ruine Rabenlay*** vorbei, links am Hang gelegen, dem Ort Löf entgegen.

km 26,4

Hotel zur Post
(02605) 514 42 77

Winzerschänke Weingut Bernardy
Mo, Do, Fr 18-22
Sa 16-22

Unterhalb waldreicher Hänge liegt rechts **Brodenbach** an der Mündung der beiden Bäche *Ehrbach* und *Brodenbach*. Der Ehrbach erreicht die Mosel am Yachthafen. Selbst Segler und Surfer haben den hiesigen Abschnitt des Flusses für sich entdeckt. Im romantischen ***Hotel zur Post*** (Garni) kann man stilvoll übernachten. Die ***Winzerschänke*** vom ***Weingut Bernardy*** ist im Ort beliebt – man trifft sich auf einen Schoppen und kleine Schmankerln.

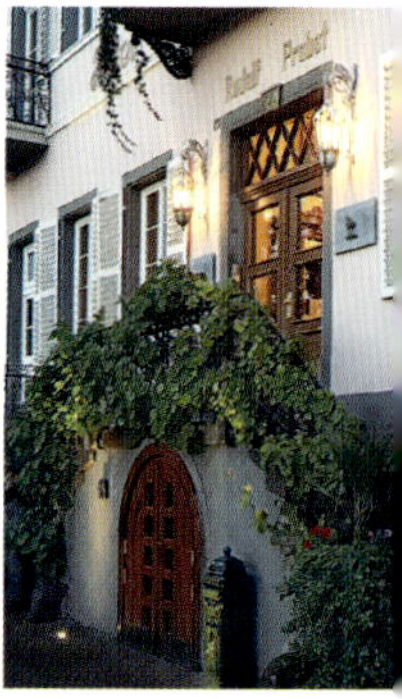

Ehrenburg
Mo-Sa 10-18
So 11-18
Hofküche
Mo-So 12-17

*Die **Ehrenburg** im traumhaft wilden **Ehrbachtal** wurde 1161 auf den Resten einer römischen Befestigung erbaut. Die Ruine der im 17. Jh. von den franz. Truppen gesprengten Festung ist ein beliebtes Ausflugsziel. Von Ostern bis Allerheiligen ist die Burg geöffnet – sonntags mit Bogen- und Katapultschießen, Musik, Tanz und Märchenkabinett.*

Schräg gegenüber liegt an einem Gleithang das Weindorf **Löf**. Nördlich des Ortes überquert die Brücke nach Alken die Mosel. Kurz vor der Brücke kann man links an einem Sportbootanleger aussetzen um sein Kanu zum *Hotel Traube* zu ziehen. In der hoteleigenen Garage besteht die Möglichkeit dieses zu lagern.

km 26

km 25,6

Hotel Traube
(02605) 980 80

Bandkeramik-Funde aus der Jungsteinzeit belegen die Besiedlung des Gebietes schon vor über 5.000 Jahren. Als Loabia wurde Löf 893 n. Chr. erstmals urkundlich erwähnt.

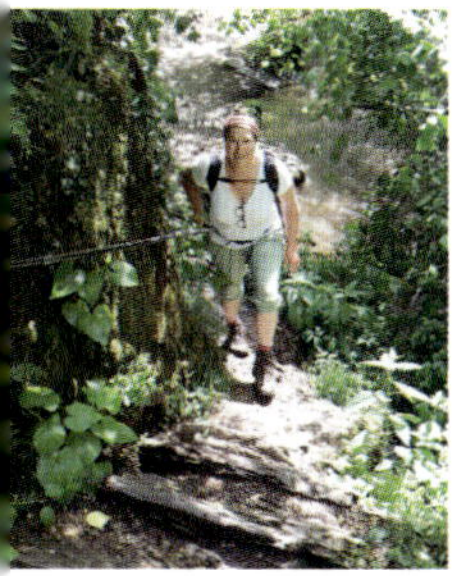

nterwegs im Ehrbachtal

Wer noch etwas Bewegung braucht, kann ins ***Kehrbachtal*** wandern. Vom Waldweg am Ortsrand hinauf zu den Kergeshöfen überblickt man die Buchsbaumwälder Löfs.

Hinter der Brücke liegt rechts **Alken**. *Von der Zeit als Stadt im Mittelalter zeugen noch die Reste der Stadtmauer. Das „Wildburger Schloss" (1350) war einst Burghaus der Trierer Erzbischöfe. Über dem Dorf, am Ende eines hübschen Treppenaufgangs mit 14 Kreuzwegstationen, liegt die St. Michaelskirche aus dem Jahre 1015.*

km 24,7

Das Ortsbild wird vom Wahrzeichen – der mächtigen ***Burg Thurant*** (1197) mit ihren zwei großen Bergfrieden bestimmt. Heute kann die Burg besichtigt werden.

Burg Thurant
Mär-Okt 10-17/18

Vom gegenüberliegenden kleinen Dorf **Kattenes**, das zu Löf gehört, hat man einen tollen Blick auf Alken.

km 23,6

Am linken Ufer folgt das **Naturschutzgebiet Ausoniusstein** und rechts in der weiten Moselbiegung zieht sich der Ort **Oberfell** entlang. *Über dem Ort, der ehemals Teil des Kurfürstentums Trier war, erhebt sich der* ***Bleidenberg*** *mit der Dreifaltigkeitskirche (13. Jh.), die selbst vom Bischof von Jerusalem besucht wurde.*

km 22,9

Noch vor der **Staustufe Lehmen** lassen wir die *Insel Reiherschuss* rechts liegen. Sie ist ***Vogelschutzgebiet*** und darf nicht betreten werden.

Links vor der Sportbootschleuse kann – alternativ zur Schleusung – mit der Bootsschleppe das Boot ins Unterwasser transportiert werden.

km 20,8

Lehmen
(02607) 94 09-21
SB-Schleuse
+Bootsschleppe
s. Detailskizze 11
Seite 91+94

km 19,8 Aus dem keltischen „Liomena“ entstand der Name des alten Weinortes **Lehmen** am linken Ufer, an dem angelandet werden kann. *Den „Lehmener Ratzejungen“ ist das jährl. am letzten Wochenende im Juni gefeierte Ratzejungenfest auf dem Ratzejungenplatz gewidmet. Das Weinfest erinnert an die Jungen mit ihren korbgeflochtenen Kiepen (Ratzen) auf dem Rücken, in denen sie den Mist aus den Ställen als Dünger in die Weinberge trugen.*

km 19 Am linken Ufer ist bald ein stattliches Gebäude, ***Schloss von der Leyen*** in **Gondorf**, zu erkennen. *Der Stammsitz der Fürsten von der Leyen (14. Jh.) wurde 1560 zum Schloss gestaltet, 1907 restauriert und beheimatet heute ein Weinmuseum und einen Teil des Landeshauptarchivs.* Das Kuriose – die Bundesstraße 416 wurde in den 70er Jahren mitten durch einen Teil des Bauwerks gebaut.

Das am rechten Ufer liegende **Niederfell** verfügt über einige gut erhaltene Fachwerkhäuser. Der *Aspeler Bach* mündet am nördlichen Ortsrand in die Mosel. Weit in den Hunsrück hinein führt sein Tal – ins ***Wanderrevier „Niederfeller Schweiz“***.

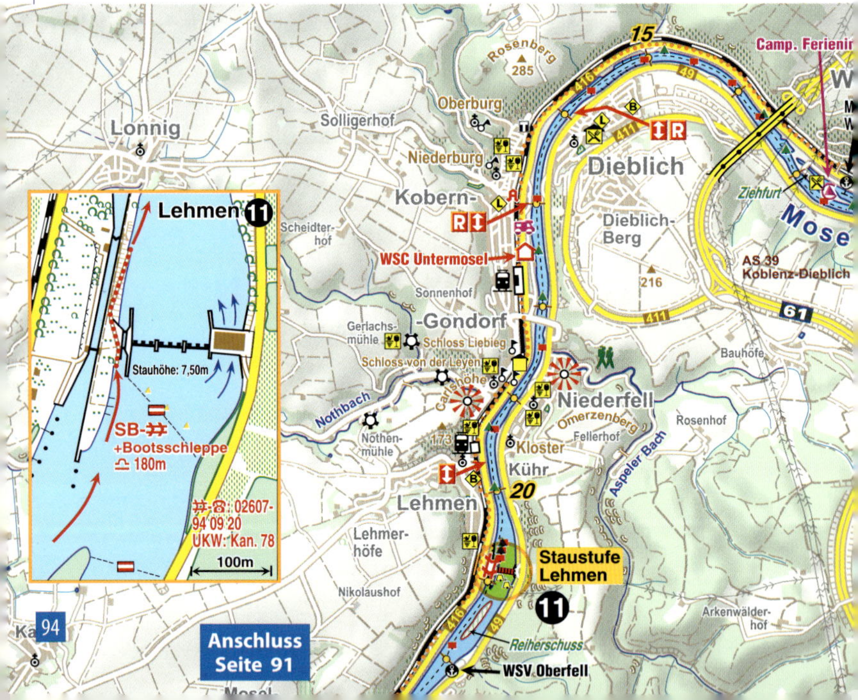

Anschluss Seite 91

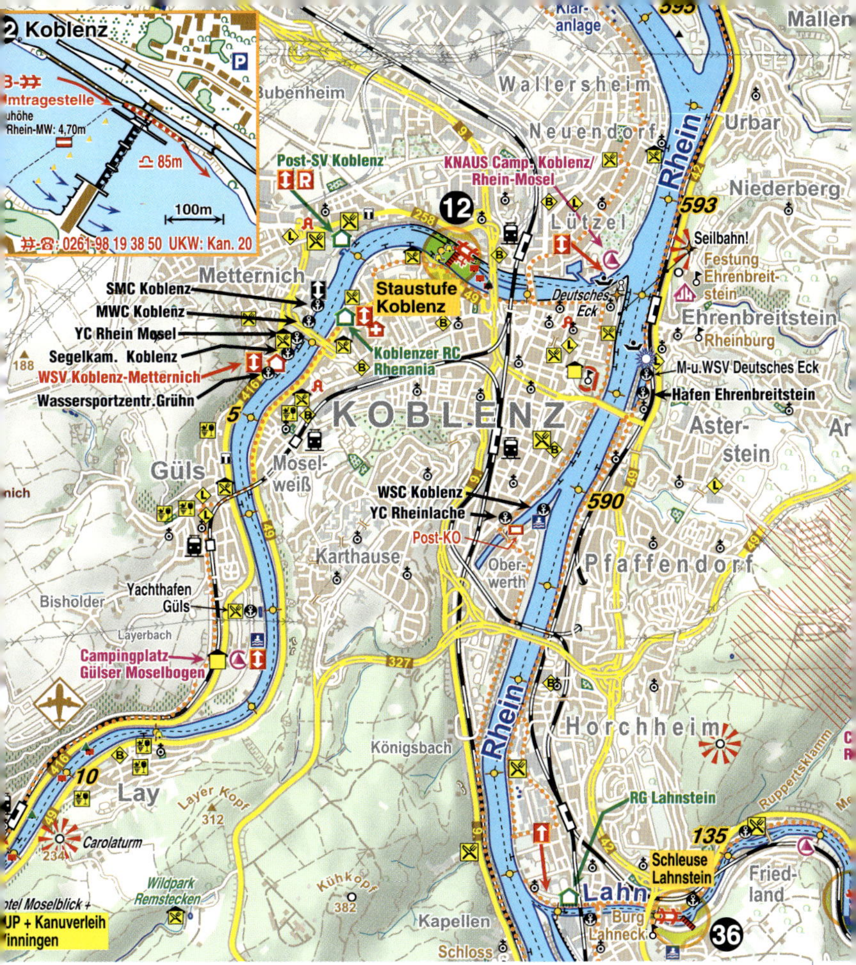

„*Contrua*“ *wurde 562 als einziger Ort im Moselgedicht von Venantius Fortunatus genannt.* Alte Fachwerkbauten und eine romanische Kirche sind im Ortskern von **Kobern-Gondorf** zu sehen, das über eine Straßenbrücke mit Niederfell verbunden ist. **Kobern** lockt mit seinem Marktplatz und den umliegenden Gassen.

km 17

Eines der ältesten erhaltenen deutschen Fachwerkhäuser (1321) steht in der Kirchstraße 1. Über dem Ort ist auf einem Bergsporn die Ruine der ***Höhenburg Oberburg*** *aus dem 12. Jh. mit der Matthiaskapelle (1240) zu sehen.*

km 15,9 Wir paddeln in den letzten großen Moselbogen, am rechten Ufer liegt das vor rund 1.100 Jahren erstmals erwähnte **Dieblich** am Fuße sanfter Hänge. Die Winzer konzentrierten sich 1800 hier noch auf Rotwein, heute werden nur noch auf 5 Hektar Fläche Rieslingtrauben angebaut. Der Obstanbau hingegen hat an Bedeutung gewonnen. Der „Kirschenort" lockt zur Blüte zahlreiche Besucher mit prächtigen weißen Obstwiesenhängen.

km 13,5 Beeindruckende 135 Meter hoch überspannt voraus eine Brücke die Mosel. Vermutlich macht sich kein Autofahrer auf der Autobahn 61 Gedanken darüber, wie mühsam es früher war, von der Eifel in den Hunsrück zu kommen.

km 12,4 Hinter der Brücke taucht die *Insel Ziehfurt* auf. Auf ihr liegt der große ***Campingplatz Ferieninsel Winningen*** mit Restaurant und Einkaufsmöglichkeit.

Ferieninsel Winningen
(02606) 18 00

Hotel Moselblick
(02606) 92 08 10

SUP & Kanu-Verleih Winningen
0171-310 07 25

Ein beheiztes ***Freibad*** liegt auf dem „Festland", gleich hinterm Yachthafen. Nach Passieren der Insel liegt am linken Ufer unweit des Freibads das komfortable ***Hotel Moselblick***. Hier ist auch die Station vom ***SUP & Kanuverleih Winningen***, die auch E-Bikes vermieten.

km 11,2 Die offizielle Aussetzstelle **Winningen** ist nicht zu verfehlen. Neben einigen größeren Schiffen prangt der Ortsname in großen, weißen Lettern an der Wand. Das Winzerdorf rühmt sich, das älteste Weinfest in Deutschland auszurichten: das „Winninger Moselfest" vom letzten August- bis zum ersten September-Wochenende.

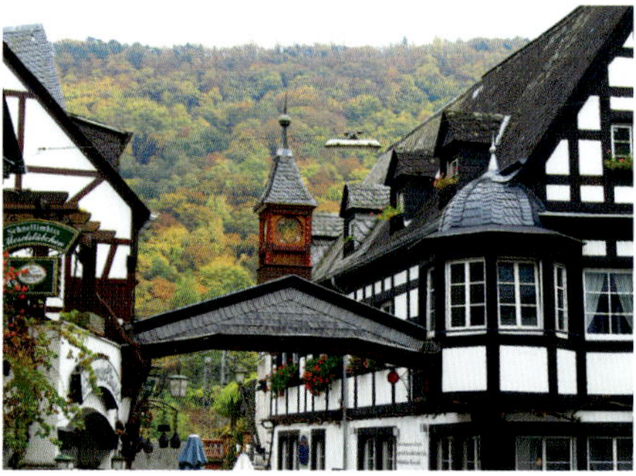

Schiefergedecktes Fachwerk sowie das „Winninger Moselfest", Deutschlands ältestes Weinfest, sind die Markenzeichen des hübschen Ortes

An 21 Opfer der Hexenverbrennungen erinnert der Weinhexbrunnen. Weinhex' heißt auch die Wein-Großlage des Ortes an der sanften Flussbiegung, wo die Moselberge ein letztes Mal steil aufragen, bevor sie in Stufen zum Rhein hin abfallen. Das kulturhistorische *Museum Winningen* widmet dem Wein ebenso Ausstellungsfläche wie seinem Ehrenbürger August Horch. *Der gelernte Maschinenbauingenieur baute 1903 das erste Auto mit einem Vierzylindermotor und war Begründer der Marke „Audi".*

km 9,2

Lay, gegenüberliegend, einst von Kelten gegründetes Weindorf, mit kräftigem romanischen Kirchturm, ist längst Stadtteil des nahen Koblenz. Die Weinlagen ziehen sich als schmaler Streifen am Fluss entlang. Oberhalb breitet sich vom *Berg „Layer Kopf"* (312 m) der Wald bis ins Rheintal aus. Der beliebte ***Wildpark Remstecken*** mit Forsthaus *(Hotel)* und großen Wildgehegen liegt hier.

km 7,7

Camping Gülser Moselbogen
(0261) 444 74

Am folgenden *Gülser Moselbogen* liegt links der gleichnamige *Campingplatz*. In der platzeigenen Badebucht lässt sich anlanden. Auch gemütliche Schäferwagen oder Wohnwagen können hier gemietet werden.

Ein Stück weiter befindet sich die Einfahrt in das kleine Hafenbecken vom Yachthafen mit Restaurant.

Gleich danach beginnt **Güls**, das zweite Weindorf, das zu Koblenz gehört und fast schon mit der Großstadt zusammengewachsen ist.

km 4,2

Fährhaus am Stausee
(0261) 92 72 90

Zweihundert Meter vor der Brücke, die bei **Metternich** die Mosel überspannt, liegt am linken Ufer das exklusive *Hotel-Restaurant „Fährhaus am Stausee"*, von dessen Terrasse aus man einen schönen Blick auf den Fluss hat.

km 3,5

Koblenzer Ruderclub Rhenania
(0261) 942 21 28
(0261) 40 36 64

Vorbei am Gelände des WSV Koblenz-Metternich (links), liegt rechts das Bootshaus des *Koblenzer Ruderclubs henania (Restaurant)*. 12 Übernachtungsplätze stehen nach Voranmeldung bereit. Zum Bahnhof **Moselweiß** sind es von hier ca. 2 km Fußweg. Am gegenüberliegenden Ufer befinden sich *Ein- & Ausstiegsstellen* beim WSV Koblenz-Metternich und Post-SV Koblenz (Rudern).

Koblenz
(0261) 98 19-38 50
SB-Schleuse +Umtragestelle
s. Detailskizze 12 Seite 95

km 1,9 In einem langgestreckten Bogen geht es zur Staustufe **Koblenz** und letzten Schleuse unserer Tour.

km 0,2 Unterhalb der Staustufe passieren wir noch drei Brücken, bevor wir den am linken Ufer, vor der Mündung in den Rhein liegenden *KNAUS Camping Koblenz* erreichen. Vom Platz, der einen tollen Blick auf die *Festung Ehrenbreitstein* bietet, setzt eine Fähre zum Deutschen Eck über. Ideal für einen Abstecher ins Stadtzentrum.

KNAUS Camping Koblenz
(0261) 827 19

Blick auf Koblenz

„Am Zusammenfluss“ (ad confluentes), nannten die Römer das Erdkastell, das sie im Jahre 30 n. Chr. am heutigen Münzplatz errichteten. Kaiser Heinrich II. schenkte die Stadt 1018 den Trierer Kurfürsten, von denen sie 1690 zur Residenzstadt gemacht wurde. Das erklärt die mächtigen Kirchen und herrschaftlichen Bauten in Koblenz, das von 1947 bis 1950 Sitz der rheinland-pfälzischen Landesregierung war und wo im Juli 1948 die Gründung der Bundesrepublik eingeleitet wurde.

An die Deutsche Reichsgründung 1871 erinnert das 350 Zentner schwere Reiterstandbild von Kaiser Wilhelm I. auf einer künstlich angelegten Landzunge, dem Deutschen Eck, am Zusammenfluss von Mosel und Rhein.

Die nahe Balduinsbrücke (1340) überspannt auf römischen Fundamenten die Mosel. An ihr und der Alten Burg, Burghaus der Bischöfe vom 13. bis 18. Jh., beginnt die Altstadt. Am Münzplatz steht das Haus Metternich, in dem 1773 Clemens Wenzeslaus Lothar Fürst von Metternich geboren wurde, die bestimmende Persönlichkeit des Wiener Kongresses und der deutsch-österreichischen und europäischen Politik bis 1848. Die Florinskirche wurde im 10. Jh. gegründet. Sie wurde auf der römischen Kastellmauer errichtet und ist heute die evangelische Kirche für die Altstadt. Die Liebfrauenkirche ist seit dem 5. Jh. nachweisbar und damit Koblenzer Urpfarrkirche. Der heutige Bau von 1180 wurde Mitte des 13. Jh. vollendet.

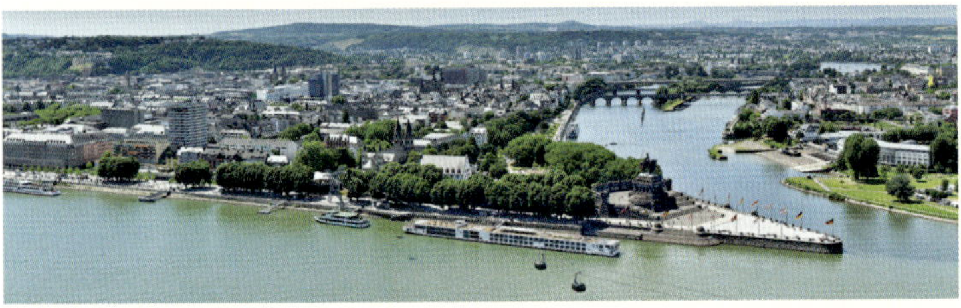

① ***Kaiser-Wilhelm-Denkmal*** am Deutschen Eck.

② ***Ludwig Museum*** im Deutschherrenhaus, zeitgenössische und französische Kunst des 20. Jh., www.ludwigmuseum.org

③ ***Kirche St. Kastor,*** älteste Kirche Koblenz, Teil des UNESCO-Welterbes Oberes Mittelrheintal.

④ ***Wirtshaus Deutscher Kaiser,*** spätgot. Wohnturm von 1490, im 19. Jh. zum Gasthaus umfunktioniert, UNESCO-Welterbe, z.Zt. geschlossen.

⑤ ***Florinskirche,*** dreischiffiges romanisches Langhaus, um 1100 errichtet.

⑥ ***Dreikönigenhaus,*** 1701 als Adelshof errichteter Barockbau.

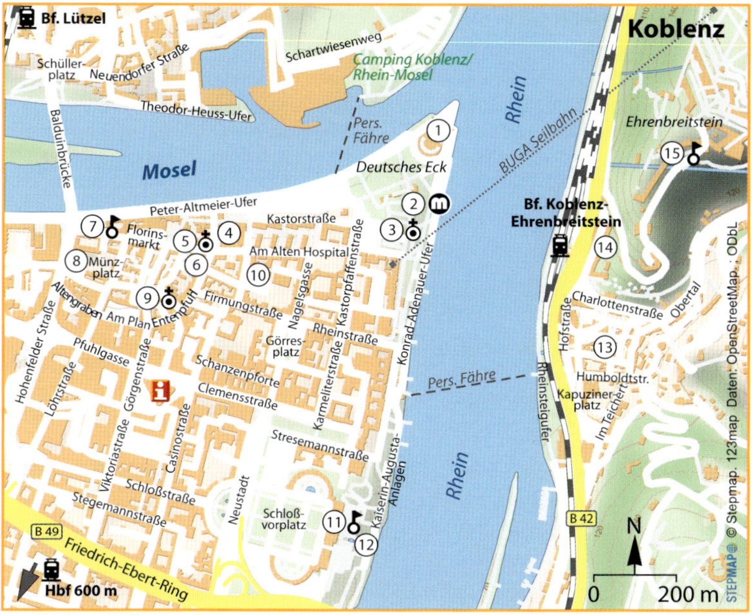

⑦ ***Alte Burg,*** ehemalige kurfürstliche Wasserburg (13. Jh.), heute Stadtarchiv.

⑧ ***Haus Metternich,*** ehemaliger Stadthof von 1674, Geburtshaus des Fürsten von Metternich.

⑨ ***Liebfrauenkirche.***

⑩ ***Görreshaus*** 1865 im altdeutsch-neugotischen Stil erbaut, zählt heute zu den schönsten Profanbauten am Mittelrhein.

⑪ ***Kurfürstliches Schloss*** Residenz des letzten Erzbischofs und Kurfürsten von Trier im Stil des französischen Frühklassizismus.

⑫ ***Görres Denkmal*** der Hochschullehrer war ein Anhänger der Französischen Revolution.

⑬ ***Mutter-Beethoven-Haus*** Geburtshaus Maria Magdalena Keverichs, Mutter Ludwig van Beethovens.

⑭ ***Barockes Dikasterialgebäude*** von Balthasar Neumann erbaut, daneben Rheinmuseum.

⑮ ***Festung Ehrenbreitstein*** zweitgrößte erhaltene Festung Europas, zwischen 1817 und 1828 erbaut, Ursprung reicht bis in das Jahr 1000 zurück.

Tourist-Info im Forum Confluentes, Zentralplatz 1, Tel. (0261) 129 16 10, www.koblenz-touristik.de

Übernachtung in Wassernähe

Die Übernachtungsmöglichkeiten an der Mosel sind unglaublich vielfältig, weshalb hier nur eine Auswahl genannt werden kann. Es gibt zahlreiche Campingplätze, Pensionen, Weingüter mit Übernachtung und Hotels direkt am Fluss.

Da viele Anbieter auf Fahrradtouristen eingestellt sind, ist häufig auch das Unterstellen von Kanus kein Problem. Viele Übernachtungsmöglichkeiten sind direkt vom Wasser aus zu sehen oder am Ufer (Radweg) ausgeschildert.

Nicht vergessen: Um sich seines Bettes sicher zu sein, immer vorab reservieren!

Alf (56859) am Alfbach gelegen

Camping Alf, Am Mühlenteich 37, Tel. (06541) 31 11, www.mosel-camping-platz.de

Bernkastel-Kues (PLZ 54470)

KNAUS Campingpark Bernkastel-Kues, Am Hafen 2, Tel. (06531) 82 00, www.knauscamp.de/bernkastel-kues.html

Ruderverein Bernkastel-Kues, nur für Vereine mit Anmeldung, keine Privatpersonen!, www.bernkasteler-ruderverein.de

Briedern (PLZ 56820)

Weinhaus-Pension Lenz, Moselstr. 11, Tel. (02673) 16 59, www.weinhaus-lenz.de

Pension Mosellablick, Moselstr. 16, Tel. (02673) 90 02 49, www.mosellablick.de

Mosel-Landhaus B&B, Moselstr. 19, Tel. (02673) 96 21 60, www.mosel-landhaus.de

Brodenbach (PLZ 56332)

Moselhotel Anker, Moselufer 15, Tel. (02605) 20 08, www.moselhotel-anker.de

Bruttig-Fankel (PLZ 56814)

Campingplatz Bruttig, Am Moselufer, Tel. (02671) 91 54 29, www.campingplatz-bruttig.de

Bullay (PLZ 56859)

Campingplatz Bärencamp, Am Moselufer 1+3, Tel. (06542) 90 00 97, www.baeren-camp.de

Burgen (PLZ 56332)

KNAUS Campingpark Burgen/Mosel (auch Campingfässer), Am Bootshafen (An der B49), Tel. (02605) 95 21 76, www.knauscamp.de/mosel-burgen

Camping Burgen, Am Moselufer / B49, Tel. (02605) 23 96, www.camping-burgen.de

Cochem (PLZ 56812)

Moseltal-Jugendherberge, Klottener Str. 9, Tel. (02671) 86 33, www.diejugendherbergen.de

Mosel Camping Cochem, Stadionstr. 1 (am Moselufer), Tel. (02671) 44 09, www.campingplatz-cochem.de

Ediger-Eller (PLZ 56814)

Campingplatz Zum Feuerberg, Moselweinstraße (B 49), Tel. (02675) 701 oder 01511-772 27 82, www.zum-feuerberg.de

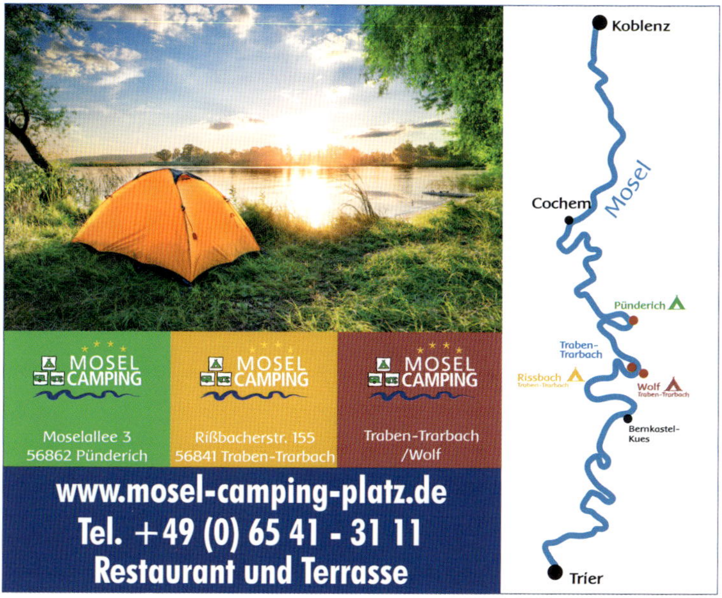

Ellenz-Poltersdorf (PLZ 56821)

Campingplatz Happy Holiday, Moselweinstraße (B 49), Tel. (02673) 12 72 (nur während der Saison), www.camping-happy-holiday.de

Erden (PLZ 54492)

Campingplatz Erden (auch Campingfässer), Am Moselufer 2, Tel. (06532) 40 60, www.camping-erden.de

Hatzenport (PLZ 56332)

Campinginsel Sonnenwerth, Hatzenporter Werth 1, Tel. (02605) 21 51, www.campinginsel-hatzenport.de

Gasthaus Zur Traube, Moselstr. 10, Tel. (02605) 777, www.moselgasthofhosp.eu

Kinheim (PLZ 54538)

Echternacher Hof, B&B und Kulturcafé, Echternacherstraße 2, Tel. (06532) 293 41 31, www.echternacherhof-kinheim.de

Klotten (PLZ 56818)

Hotel Ley, Moselstr. 19, Tel. (02671) 506 71 01, www.ley-hotel.de

Klüsserath (PLZ 54340)

Campingplatz Klüsserath, An der B53, Tel. (06507) 46 67, www.campingplatz-kluesserath.de

Kobern-Gondorf (PLZ 56330)

Pension Marienhof, (anlegen bei km 18,8, durch die Unterführung zur Römerstr., dort 150 m nach rechts), Römerstr. 7, Tel. (026 07) 45 93, www.pension-marienhof.de

Koblenz (PLZ 56073 + 56070)

Koblenzer Ruderclub Rhenania 1877/1921, Am Moselstausee 16, Tel. (0261) 942 21 28 oder 40 36 64, uebernachtung@krc-rhenania.de www.krc-rhenania.de

KNAUS Campingpark Koblenz/Rhein-Mosel, Schartwiesenweg 6, Tel. (0261) 827 19, www.knauscamp.de/koblenz

Koblenz Güls (PLZ 56072)

Campingplatz Gülser Moselbogen, Am Gülser Moselbogen 20, Tel. (0261) 444 74, www.moselbogen.de

Koblenz Metternich (PLZ 56072)

Hotel-Restaurant Fährhaus am Stausee, (hochpreisig), An der Fähre 3, Tel. (0261) 20 17 10, www.faehr.haus

Kröv (PLZ 54536)

Paradies Camp, Paradieser Hof, Tel. (06541) 861 08 83, www.paradies-camp.de

Leiwen (PLZ 54340)

Gästehaus Kurtrierer Hof, Tränkgasse 4, Tel. (06507) 30 25, www.kurtriererhof.de

Löf (PLZ 56332)

Hotel Traube, Alte Moselstr. 2, Tel. (02605) 980 80, www.mosel-hotel-traube.de

Mehring (PLZ 54346)

Campingplatz Mehringer Schweiz, (rechtsufrig, km 170,5), Tel. (06507) 42 05

Mesenich (PLZ 56820)

Moselgasthof Andries, Am Bühl 7, Tel. (02673) 45 78, www.moselgasthof-andries.de

Family Camping, Wiesenweg 25, Tel. (02673) 45 56, www.family-camping.de

Moselkern (PLZ 56254)

Campingplatz Burg Eltz, Moselstr. 39, Tel. (02672) 913 58 61 oder 0177-784 09 79, www.camping-burg-eltz.de

Mülheim an der Mosel (PLZ 54486)

Hotel Weißer Bär & River Bär (Übernachtung im Hotel und auf dem Schiff), Moselstr. 7, Tel. (06534) 947 70, www.hotel-weisser-baer.de

Nehren (PLZ 56820)

Campingpl. Nehren, Moselufer 1, Tel. (02673) 962 11 55, www.campingplatz-nehren.de

Neumagen-Dhron (PLZ 54347)

Campingplatz, Moselstr. 22, Tel. (06507) 52 49, www.camping-neumagen.de

Piesport-Niederemmel (PLZ 54498)

Karthäuserhof, Karthäuserplatz 8, Tel. (06507) 54 49, www.karthaeuserhof.de

Weingut – Gasthof „Moselloreley", Moselstr. 16, Tel. (06507) 24 73, www.weingasthof-moselloreley.de

Hotel Moselblick, Moselstr. 20, Tel. (06507) 24 21, www.moselblick-piesport.de

Pölich (PLZ 54340)

Moselcamping Pölicher Held, Zum Moselufer, Tel. (06507) 70 33 47, www.moselcamp.de

Pommern / Mosel (PLZ 56829)

Campingplatz Pommern, Moselweinstraße 12, Tel. (02672) 24 61, www.campingplatz-pommern.de

Pünderich (PLZ 56862)

Moselcampingplatz Pünderich, Moselallee 3, Tel. (06541) 31 11, www.mosel-camping-platz.de

Campingplatz Moselland, Im Planters 1, Tel. (06542) 96 06 69, www.campingplatz-moselland.de

Reil a.d.Mosel (PLZ 56861)

Hotel-Villa Melsheimer, Moselstraße 5, Tel. (06542) 90 00 34, www.melsheimer.de

Hotel Reiler Hof & Heim´s Restaurant, Moselstr. 27, Tel. (06542) 26 29, www.reiler-hof.de

Riol (PLZ 54340)

CampingParkTriolago, Am Campingplatz 1, www.campingpark.triolago.eu

Hotel Triolago, Zur Talstation 1, Tel. (06502) 93 74 60, www.triolago.de

Rissbach (56841 Traben-Trarbach)

Moselcampingplatz Traben-Trarbach/Rissbach, Rissbacher Str. 155, Tel. (06541) 31 11, www.moselcampingplatz.de

Schweich (PLZ 54338)

Camping & WoMo-Platz Wassersport- & Freizeitzentrum Kreusch, Am Yachthafen, Tel. (06502) 913 00, www.kreusch-wassersport.de

Senheim (PLZ 56820)

Camping Holländischer Hof, Am Campingplatz 1, Tel. (02763) 46 60, www.moselcamping.com

Traben-Trarbach (PLZ 56841)

Hotel Garni Bisenius, An der Mosel 56, Tel. (06541) 81 37 10, www.hotel-bisenius.de

Ruderclub Traben-Trarbach, Enkircher Str. 41, unterkunft@rctt.de, www.rctt.de

Hotel Krone, An der Mosel 93, Tel. (06541) 81 86 68, www.krone-hotel-traben.de

Treis-Karden (PLZ 56253)

Camping & Yachhafen Mosel-Islands, (auch Schlaffässer), Am Werth / Am Laach, Tel. (02672) 26 13, www.mosel-islands.de

Trier (PLZ 54292 und 54290)

DJH Römerstadt Trier, An der Jugendherberge 4, Tel. (0651) 14 66 20, www.diejugendherbergen.de

Trierer Kanufahrer1948, (DKV Station), An der Jugendherberge 2, Übernachtungsanfragen: info@kanufahrer.de, Tel. 0170-345 92 93, www.kanufahrer.de

Hotel am Ufer, Zurmaiener Str. 81-83, Tel. (0651) 145 39 70, www.hotel-am-ufer-trier.de

Trittenheim / Mosel (PLZ 54349)

Campingplatz Trittenheim „Im Grünen", Moselpromenade, Tel. (06507) 21 48, www.camping-trittenheim.de

Hotel-Restaurant Krone Riesling, Moselpromenade 9, Tel. (06507) 926 30, www.krone-riesling.de

Ürzig (PLZ 54539)

Hotel Moselshack / Moselschild, Hüwel 12, Tel. (06532) 939 30, www.moselschild.de

Wehlen (54470 Bernkastel-Kues)

Mosel Camping Bernkastel, (auch Camping-Pods und Igluhut), Hauptstraße 165, Tel. (06531) 81 76, www.mosel-camping-bernkastel.de

Winningen (PLZ 56333)

Camping Ferieninsel Winningen, Inselweg 10, Tel. (02606) 18 00, www.camping-winningen.de

Hotel Moselblick, An der B 416 (Inselweg), Tel. (02606) 92 08 10, www.hotel-moselblick.de

Wintrich (PLZ 54472)

Camping Georgshof, (beim gleichnamigen Weingut, etwas entfernt vom Wasser), Kurfürstenstr. 25, Tel. (06534) 932 66, www.camping-georgshof.de

Wolf (56841 Traben-Trarbach)

Campingplatz Wolf, Uferstr. 16, Tel. (06541) 31 11, www.mosel-camping-platz.de

Zell-Kaimt (PLZ 56856)

Campingpark Zell, Moselufer, Tel. (06542) 96 12 16, www.campingpark-zell.de

Ruderverein Zell e.V. 1921, vorab anfragen, www.ruderverein-zell.de

Hotel Garni Café im Hamm, Merler Str. 5, Tel. (06542) 45 66, www.cafe-im-hamm.de

Kanuvermieter (häufig auch SUP)

Briedel (PLZ 56867)

Kanuverleih Zell Briedel (nur auf Anfrage), Hauptstr. 105, Tel. 01523-413 80 38, https://kanuverleih-zell-briedel.business.site

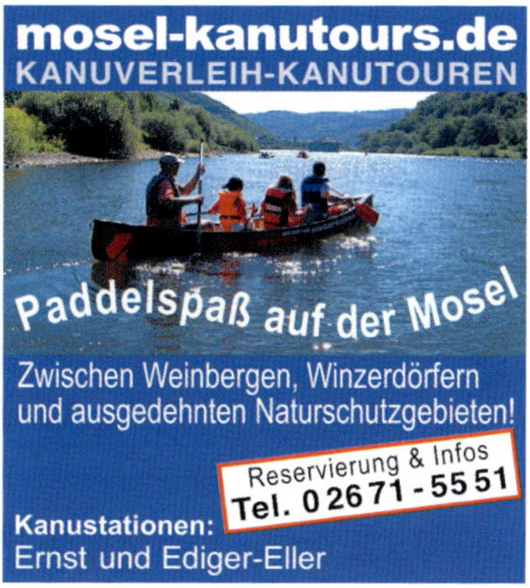

Ediger-Eller (PLZ 56814)

Mosel-Kanutours Kanustation Ediger-Eller, Kanutouren, Kanu , Kajak und SUP Vermietung, Bachstr., Tel. (02671) 55 51, www.mosel-kanutours.de

Ernst (PLZ 56814)

Mosel-Kanutours Kanustation Ernst, Kanutouren, Kanu, Kajak und SUP Vermietung, Fahrrad und E-BIke Vermietung, Moselstr. 45, Tel. (02671) 55 51, www.mosel-kanutours.de

Piesport (PLZ 54498)

Mosel-Kanu-Service, Römerstraße 38, Tel. (06507) 55 58 & 0176-78 13 37 00

Reil / Mosel (PLZ 56861)

Mosel-Kanuverleih Reil, Moselstr. 13, Tel. (06542) 96 95 00 oder 0175-551 61 75, Einstiegsstellen: **Trier, Lieser, Bernkastel Kues,Traben-Trarbach** und **Reil.** Bringen für mehrtägige Touren Boote an jeden Ort an der Mosel, wo man starten möchte, www.moselkanuverleih.de

Rissbach (56841 Traben-Trarbach)

Camping Rissbach, Rissbacher Straße 155, Tel. (06541) 31 11, www.mosel-camping-platz.de

Schweich (PLZ 54338)

Wassersport- & Freizeitzentrum Kreusch, Kajak stundenweise, mehrere Tage bitte anfragen, Am Yachthafen, Tel. (06502) 913 00, www.kreusch-wassersport.de

Traben-Trarbach (PLZ 56841)

Kanuverleih Mittelmosel, An der Mosel 74, Tel. 01515-603 98 58, https://kanuverleih-mittelmoselde.business.site

Winningen (PLZ 56333)

SUP & Kanuverleih Winningen, im Biergarten vom Hotel Moselblick, *Touren & Vermietung, auch E-Bikes,* An der B 416, Tel. 0171-310 07 25, www.supschule-koblenz.de

Zell-Kaimt (PLZ 56856)

Campingpark Zell Mosel, Moselufer, Tel. (06542) 96 12 16, www.campingpark-zell.de

Fahrradvermieter (meist auch E-Bikes)

Viele Campingplätze, Pensionen, Hotels und Weingüter vermieten auch Fahrräder an ihre Gäste, fragen Sie nach!

Bernkastel-Kues (PLZ 54470)

Fun Bike Team, Schanzstr. 22, Tel. (06531) 940 24, www.funbiketeam.de

Cochem (PLZ 56812)

Rad Schrauth, Sehler Anlagen 3, Tel. (02671) 79 74, www.fahrradverleih-cochem.de

Ernst (PLZ 56814)

Mosel-Kanutours, Fahrrad und E-BIke Vermietung, Moselstr. 45, Tel. (02671) 55 51, www.mosel-kanutours.de

Kröv (PLZ 54536)

Fahrradverleih i. d. Tourist-Info, Moselweinstr. 25, Tel. (06541) 94 86, www.kroev.de

Fahrradverleih Müllers-Brixius, Im Flurgarten 23, Tel. (06541) 96 64

Neef (PLZ 56858)

Mac-bike Fahrradverleih, nur nach telefonischer Vereinbarung, Kloster-Stuben-Str. 7, Tel. (06542) 90 11 33 oder 01512-677 47 47, www.mac-bike-touren.de

Rissbach (56841 Traben-Trarbach)

Camping Rissbach, Rissbacher Str. 155, Tel. (06541) 31 11, www.mosel-camping-platz.de

Traben-Trarbach (PLZ 56841)

Zweirad Wagner, Brückenstr. 42, Tel. (06541) 16 49, www.zweirad-wagner.de

Trier (PLZ 54292)

Fahrradstation Gleis 11, (am Hauptbahnhof und an der Porta Nigra), Tel. (0651) 99 98 90 58, Tel 0172-689 71 76, www.fahrradstation-trier.de

Zell-Kaimt (PLZ 56856)

Campingpark Zell, Moselufer, Tel. (06542) 96 12 16, www.campingpark-zell.de

Veranstalter Kanu / Rad

Ernst (PLZ 56814)

Mosel-Kanutours, Kanu & Wandern Kanu & Fahrrad, Abendfahrten uvm., Moselstr. 45, Tel. (02671) 55 51, www.mosel-kanutours.de

Reil (PLZ 56861)

Mosel Kanu Verleih Reil, Moselstraße 12, Tel. (06542) 96 95 00 od. 0175-551 61 75, www.moselkanuverleih.de

Winningen (PLZ 56333)

SUP & Kanuverleih Winningen, im Biergarten vom Hotel Moselblick, *verschiedene Touren & Kurse, Rafting,* An der B 416, Tel. 0171-310 07 25, www.supschule-koblenz.de

Rad-Reise-Service

Verschiedene Tourenangebote, Tel. (05605) 56 65, www.rad-reise-service.de

Sehenswürdigkeiten

Wir nennen hier nur eine Auswahl. Viele weitere Freizeit-Ideen, Museen und Sehenswürdigkeiten finden Sie unter www.mosel.de/freizeit

Alf (PLZ 56859)

Burg Arras, Tel. (06542) 222 75, *Mo-Fr 10-18, Sa+So 9-18, Eintritt ca. 6,€,* www.arras.de

Alken (PLZ 56332)

Burg Thurant, Tel. (02605) 20 04, *Mär+Apr tgl. 10-17, Mai-Okt 10-18, Nov 10-16, Eintritt ca. 4,50 €,* www.thurant.de

Bernkastel-Kues (PLZ 54470)

Zylinderhaus, Museum für historische Technik & Oldtimer, Adolf-Kolping-Str. 2, Tel. (06531) 973 77 76, *Di-So 10-18, Eintritt 15 €,* www.zylinderhaus.com

Heimatmuseum „Graacher Tor", Graacher Straße 16, Tel. (06531) 72 60, *Do-So 15-17, Eintritt ca. 2 €,* www.bernkastel.de/poi/heimatmuseum-graacher-tor

Briedel (PLZ 56867)

Moselländische Hausbrennerei, schauen Sie dem Brennmeister über die Schulter, Weingut „Zum Eulenturm", Hauptstr. 218, Tel. (065 42) 47 02

Brodenbach (PLZ 56332)

Ehrenburg, Tel. (02605) 30 77, *Frühlingsanfang bis 1. Nov., Mo-Sa 10-17, So 11-17, Eintritt Mo-Sa 4 €, Wochenende 5,50 €,* www.ehrenburg.de

Cochem (PLZ 56812)

Reichsburg Cochem, Schloßstr. 36, Tel. (02671) 255, *Mär-1.11. Führungen tgl. 9-17 ca. alle 10 bis 15 Minuten, ca. 7 €,* www.burg-cochem.de

Historische Senfmühle Cochem, Endertstr. 18, *geöffnet tgl. 10-18, Führungen 11/ 14/ 15/ 16 Uhr, keine vorherige Anmeldung nötig, Führung 2,50 €,* www.senfmuehle.net

Klotten / Cochem (56818 Klotten)

Wild- und Freizeitpark Klotten, 50 verschiedene Wildtierarten sowie Fahr- & Spaßattraktionen, Wildparkstraße 1, Tel. (0671) 60 54 40, www.klotti.de

Klüsserath (PLZ 54340)

Haus der Krippen - Domus Praesepiorum, Hauptstr. 83, Tel. (06507) 93 92 04, *ganzjährig Sa+So 14-18, Eintritt ca. 4 €,* www.krippenmuseum.info

Koblenz (PLZ 56068 & 56077)

Romanticum Koblenz, Kulturmuseum & Erlebnisausstellung, Zentralplatz 1, Tel. (0261) 129 16 08, *tgl. 10-18, Eintritt ca. 6 €, Fam. 10 €,* www.romanticum.de

Festung Ehrenbreitstein, Tel. (0261) 66 75 40 00, *Apr-Okt 10-18, Nov-Mär 10-16, Eintritt ca. 8 €, mit Seilbahnfahrt hin + rück 17,90 €,* www.diefestungehrenbreitstein.de

Wildpak Remstecken, zahlreiche Wildgehege, Kinderspielplätze, Ökostation, Forsthaus mit Waldhotel, ganzjährig geöffnet, kostenfrei, www.remstecken.com

Moselkern / 56294 Wierschem

Burg Eltz, Burg Eltz 1, Tel. (02672) 95 05 00, *Apr-1.11 tgl. 9.30-17.30, Eintritt ca. 11 €,* www.burg-eltz.de

Mülheim (54472 Veldenz)

Schloss Veldenz, Tel. (0651) 406 36, *Besichtigung nur mit Führung möglich, Mi 14 Uhr oder auf Anfrage 01516-483 55 12, Eintritt ca. 5 €,* www.schlossveldenz.com

Pommern (PLZ 56829)

Archäologiepark Martberg, Tel. (02672) 91 01 33, *Gelände frei zugänglich, Lenus-Mars-Tempel & Café Mai Okt Sa+So 11-17, Eintritt ca. 2 €,* www.martberg-pommern.de

Schweich (PLZ 54338)

Molitorsmühle, Ostern-Okt So+Fei 14-18, Eintritt 4 €, www.molitorsmuehle.de

Senheim (PLZ 56820)

Wein & Museum Schlagkamp-Desoye, Zeller Str. 11-13, Tel. (02673) 43 81, *Mai-Okt Mo-Sa 9-17, Eintritt ca. 4 € inkl. einem Glas Wein,* www.schlagkamp-desoye.de

Traben Trarbach (PLZ 56841)

Moseltherme, Wildsteiner Weg 5, Tel. (06541) 830 30, *Mo 14-21, Di-Fr 9-21, Sa+So 9-18, Öffnungszeiten Sauna siehe Webseite,* www.moseltherme.de

Buddha Museum, Bruno Möhring Platz 1, Tel. (06541) 816 51 80, *Apr-Okt Di-So, 10-18, Eintritt ca. 15 €,* www.buddha-museum.de

Treis-Karden (PLZ 56253)

Stiftsmuseum Treis-Karden, St. Castor-Straße 2, Tel. (02672) 61 37, *Mai-Okt Fr -So 15-17.30, Eintritt ca. 3 €*

Trier (PLZ 54290)

Museum Karl-Marx-Haus, Brückenstr. 10, Tel. (0651) 97 06 80, *Anfahrt mit ÖPNV empfohlen, tgl. 10-18, Eintritt ca. 5 €,* www.fes.de/marx

Stadtmuseum Simeonstift, Simeonstr. 60, direkt neben der Porta Nigra, Tel. (0651) 718 14 59, *Di-So 10-18, Eintritt ca. 9 €,* www.museum-trier.de

Wehlen (54470 Bernkastel-Kues) gegenüber von Zeltingen-Rachtig

Kloster Machern, Historisches Puppen- & Spielzeugmuseum & Ikonenmuseum, An der Zeltinger Brücke, Tel. (06532) 95 16 40, *Apr-Okt Di-So 10-18 (Fr 11-17), Nov-Mär Mi-So 10-17, Eintritt ca. 3,50 €,* www.klostermachern.de

Winningen (PLZ

Museum Winningen, Schulstr. 5, Tel. (02606) 96 25 64 | 96 22 65 | 96 22 88 | 96 15 14, *Mai-Okt Sa+So 15-18, Eintritt 3 €,* www.museum-winningen.de

Tourist-Infos

Aus Platzgründen nennen wir hier nur eine Auswahl. Viele kleinere Orte an der Mosel haben touristische Info-Stellen, die aber nicht unbedingt jeden Tag geöffnet sind.

Alken (PLZ 56332)

Tourist-Info Sonnige Untermosel, Moselstraße 7, Tel. (02605) 847 27 36, www.sonnige-untermosel.de

Bernkastel-Kues (PLZ 54470)

Tourist-Info Bernkastel-Kues, Gestade 6, Tel. (06531) 40 23, www.bernkastel.de

Mosellandtouristik, Kordelweg 1, Tel. (06531) 973 30, www.visitmosel.de

Cochem (PLZ 56812)

Tourist-Info Ferienland Cochem, Endertpl. 1, Tel. (02671) 600 40, www.cochem.de

Enkirch (PLZ 56850)

Tourist-Info Enkirch, Brunnenplatz 2, Tel. (06541) 92 65, www.enkirch.de

Kinheim-Kindel (PLZ 54538)

Tourist-Info, Harelbekeplatz 1, Tel. (06532) 34 44, www.kinheim.de

Koblenz (PLZ 56068)

Koblenz Touristik, Tourist-Info im Forum Confluentes, Zentralplatz 1, Tel. (0261) 129 16 10, www.koblenz-touristik.de

Kröv (PLZ 54536)

Tourist-Info Kröv, Moselweinstraße 35, Tel. (06541) 94 86, www.kroev.de

Neumagen-Dhron (PLZ 54347)

Tourist-Info, Römerstr. 137, Tel. (06507) 65 55, www.neumagen-dhron.de

Reil (PLZ 56861)

Tourist-Info Reil, Hutgasse 16, Tel. (06542) 210 36, www.reil-mosel.de

Schweich (PLZ 54338)

Römische Weinstraße Tourist-Info, Brückenstr. 46, Tel. (06502) 933 80, www.roemische-weinstrasse.de

Traben-Trarbach (PLZ 56841)

Tourist-Info Traben-Trarbach, Am Bahnhof 5, Tel. (06541) 839 80, www.traben-trarbach.de

MOSELREGION Traben-Trarbach Kröv, Bahnstr. 22, Tel. (06541) 818 45 72, www.moselregion.com

Treis-Karden (PLZ 56253)

Tourist-Info Treis-Karden, St. Castor-Str. 87 (im Bahnhof), Tel. (02672) 915 77 00, www.treis-karden.de

Trier (PLZ 54290)

Tourist-Info an der Porta Nigra, Simeonstr. 60 Tel. (0651) 97 80 80, www.trier-info.de

Zell (PLZ 56856)

Tourist-Info Zeller-Land, Balduinstr. 44, Tel. (06542) 962 20, www.zellerland.de

Mosel im WEB

www.wasserwanderroute-mosel.de
www.mosel.de
www.moselregion
www.visitmosel.de
www.roemische-weinstrasse.de
www.sonnige-untermosel.de

Kanu-Verbände & Paddel-Zeitschriften

(DKV) Deutscher Kanu-Verband, Tel. (0203) 99 75 90, www.kanu-de

(BVKanu) Bundesverband Kanu e.V., Tel. (0221) 59 57 10, www.bvkanu.de

kajak magazin, Tel. (07221) 952 10, www.wir-leben-outdoor.de

KANU-Magazin, Tel. (089) 55 24 10, www.kanumagazin.de

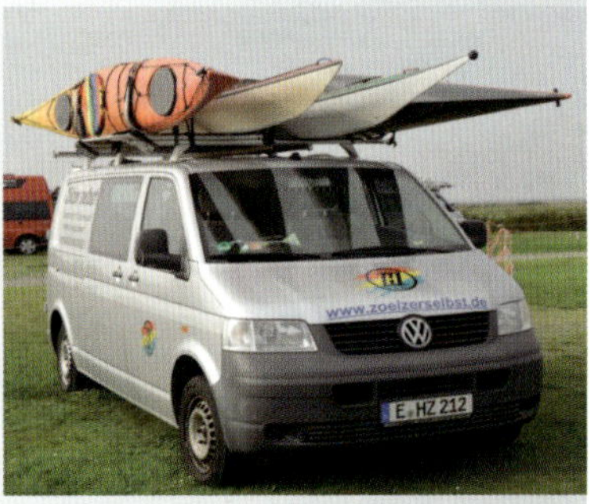

Der Autor

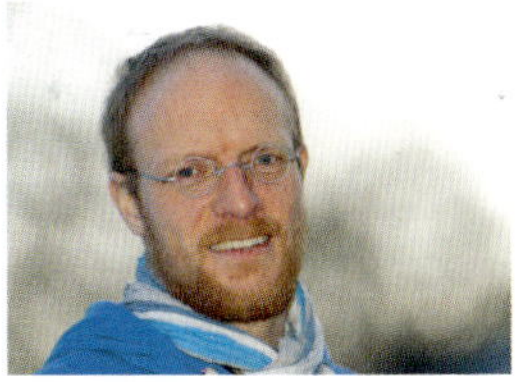

Stefan Schorr
Der freie Fotograf und Journalist hat sich auf maritime Themen spezialisiert und veröffentlicht in Wassersportmagazinen wie Yacht oder Kanumagazin. Er fotografiert für Firmen und Organisationen und bringt mit dem Kanu Kompakt Lippe seinen nunmehr fünften Paddelführer im Thomas Kettler Verlag auf den Markt. Stefan Schorr lebt mit seiner Familie in Bremen. Weitere Informationen zu seiner Arbeit www.stefanschorr.de

Der Kartograf

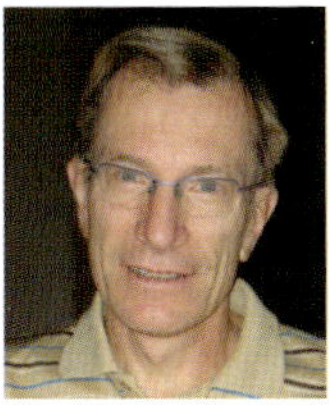

Jübermann - Kartographie und Verlag hat sich auf die Herstellung von Gewässerkarten für Wassersportler spezialisiert.

Karten, im Maßstab 1:100.000 und größer, sind in Bezug auf die Gewässer bzw. Wassersportinhalte im Gelände komplett überprüft. Jeder dargestellte Gewässer-km ist auch per Boot kontrolliert worden. Hier sind keine Schreibtischtäter am Werk, sondern passionierte Wassersportler ***www.juebermann.de***

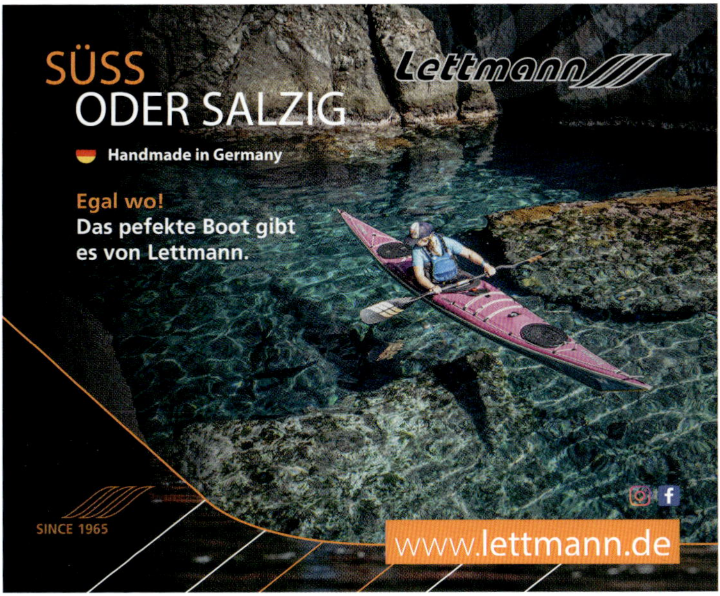

Register